DISEÑO PARA EL DISCIPULADO

NAVPRESS

Un recurso de NavPress publicado
por Tyndale House Publishers, Inc.

NavPress es el ministerio editorial de Los Navegantes, una organización cristiana internacional y líder en el desarrollo espiritual. NavPress está dedicada a ayudar a la gente a crecer espiritualmente y a disfrutar de vidas con propósito y esperanza, mediante recursos personales y de grupo que están fundamentados en la Biblia y que son culturalmente pertinentes y altamente prácticos.

Para más información, visite www.NavPress.com.

Diseño para el discipulado: Fundamentos para la fe cristiana

Un recurso de NavPress publicado por Tyndale House Publishers, Inc.

Para información acerca de descuentos especiales para compras al por mayor, por favor contacte a Tyndale House Publishers a través de espanol@tyndale.com.

ISBN 978-1-63146-989-3

Impreso en Estados Unidos de América

Printed in the United States of America

24 23 22 21 20 19 18
7 6 5 4 3 2 1

CONTENIDO

PRIMERA PARTE

Su vida en Cristo

NO SOLO DE PAN

MILES DE MILLONES de personas en todo el mundo pasan por la vida mal alimentadas espiritualmente. Las palabras que Jesús dijo hace siglos todavía son verdaderas: «La gente no vive solo de pan, sino de cada palabra que sale de la boca de Dios» (Mateo 4:4).

Más y más gente se está cambiando a estudios serios de la Biblia porque reconocen que solamente Dios puede satisfacer esta necesidad en sus vidas. Todo el mundo necesita estudiar la Biblia, tanto aquellos nuevos en la fe cristiana como aquellos que han conocido a Cristo por muchos años.

Diseño para el discipulado ha sido planeado cuidadosamente para ayudarle a:

- *Establecer un programa personal de estudio de las Escrituras.*
- *Examinar las grandes verdades de la Biblia y nuestras respuestas a ellas.*
- *Aprender y practicar lo esencial del discipulado.*

Para obtener el beneficio completo del curso, es importante trabajar consecutivamente desde la primera parte hasta la séptima.

Todo lo que necesita para empezar es una Biblia. Cada pregunta lo llevará a un pasaje de las Escrituras. Después de pensar acerca del pasaje, escriba la respuesta con sus propias palabras.

Las referencias de las Escrituras le darán el libro, el capítulo y el versículo. Por ejemplo, Apocalipsis 3:20 se refiere al libro de Apocalipsis, capítulo 3, versículo 20.

Asegúrese de orar antes de empezar cada capítulo. Pídale al Señor entendimiento mientras estudia los siguientes temas:

- *Usted le importa a Dios*
- *La persona de Jesucristo*
- *La obra de Cristo*
- *El Espíritu dentro de usted*

Al final de cada capítulo, usted también tendrá la oportunidad para procesar sus ideas y sentimientos. Tenga la libertad de usar ese espacio para:

- **Preguntas** *que todavía tiene*
- **Respuestas** *que le impactaron*
- **Expresión creativa** *(poesía, dibujo)*
- **Reflexionar** *por escrito*
- **Profundizar** *en el tema*
- **Resumir** *sus pensamientos y sentimientos*

Se irá convirtiendo en una aventura a medida que profundiza su vida en Cristo.

CAPÍTULO

1

USTED LE IMPORTA A DIOS

USTED ES UNA persona especial. Es especial porque Dios dice que es valioso para él. Él realmente se preocupa por usted y por lo que le pasa.

En este capítulo, investigará cuatro declaraciones de la preocupación de Dios por usted:

- *Dios lo creó.*
- *Dios está presente y lo conoce.*
- *Dios lo ama.*
- *Dios lo adoptó como parte de su familia.*

DIOS LO CREÓ

COMIENZOS. Los más asombrosos fluyen del plan y diseño cósmico de Dios. Él mismo es infinito y asombroso. Poder. Conocimiento. Creatividad.

1. El primer capítulo de la Biblia nos dice que Dios creó el universo de la nada. Lea Génesis 1:1-5 y enumere por lo menos tres cosas que le llaman la atención acerca de la creación.

2. ¿A través de qué fuerzas creó Dios al mundo? (Hebreos 11:3)

3. De su sabiduría y capacidad infinita, Dios lo creó y diseñó a usted. ¿Por qué? (Isaías 43:7)

4. La dignidad que Dios le dio al hombre está demostrada por su unicidad, su autoridad y su propósito. Enumere algunos hechos de Génesis 1:26-28 que indiquen:
   a. La unicidad de la humanidad
   b. La posición o autoridad de la humanidad
   c. El propósito de Dios para la humanidad

5. ¿Le gusta ser parte de la humanidad de Dios? ¿Por qué sí o por qué no?

6. ¿Cómo puede responderle a Dios como su Creador? (Apocalipsis 4:11)

DIOS ESTÁ PRESENTE Y LO CONOCE

7. En Salmo 139:1-8, David menciona varias áreas de su vida personal que Dios ha «examinado» y «conocido». Enumere por lo menos cuatro de ellas. Después coloque una marca al lado de las áreas que usted cree que Dios conoce acerca de su vida.

La gracia significa que no hay nada que yo pueda hacer para que Dios me ame más, y nada que pueda hacer para que Dios me ame menos. Significa que yo, aun cuando me merezco lo opuesto, he sido invitado a sentarme a la mesa de la familia de Dios.

—PHILIP YANCEY, *What's so Amazing About Grace?* (¿Qué hay de asombroso en cuanto a la gracia?)

8. ¿Cómo respondió David cuando se dio cuenta de que Dios lo conocía completamente y que Dios está presente en todo lugar? (Salmo 139:23-24)

9. ¿Cómo se siente al ver el detallado interés de Dios por usted, así como lo revela Jesús? (Mateo 10:29-31)

DIOS LO AMA

10. ¿Cuál fue la muestra más grande del amor de Dios? (1 Juan 4:9-10)

11. Estudie Juan 3:16 en relación a la ilustración anterior.

    a. ¿Qué motivo tuvo Dios para sacrificar a su Hijo por nosotros?

    b. ¿Cómo puede una persona responder ante la vida eterna que ofrece Dios?

Jesús se ofrece a sí mismo como la puerta de Dios hacia la vida que es la vida verdadera. Nuestra confianza en él nos dirige hoy, como en otros tiempos, a convertirnos en sus aprendices de vivir eternamente. «Los que entren a través de mí estarán seguros —él dijo—. Entrarán y saldrán y encontrarán todo lo que necesiten. He venido a su mundo para que tengan vida, y vida al límite».

—DALLAS WILLARD, *The Divine Conspiracy* (La conspiración divina)

12. En Juan 10:9-16, Jesús compara su amor y preocupación con el amor y la preocupación de un pastor. De acuerdo a este pasaje, ¿cuáles son algunas de las maneras en que Jesús nos cuida?

13. ¿Se siente digno de recibir el amor de Dios? ¿Le es fácil recibir amor? ¿Por qué sí o por qué no?

14. ¿Cree que Dios requiere que usted sea digno de amor o que se sienta digno de amor antes de que él lo ame? Explique.

MOMENTO DE ORACIÓN

AGRADEZCA A DIOS por todas las cosas que enumeró en la pregunta 12. Alábele a él porque a usted estas cosas le fueron dadas por causa de Jesús, y usted no las puede ganar a través de sus acciones.

DIOS LO ADOPTÓ COMO PARTE DE SU FAMILIA

15. ¿Cómo se siente al dirigirse a Dios así como lo enseñó Jesús en Mateo 6:9?

16. ¿Es verdad que Dios es el Padre de todos? ¿Por qué sí o por qué no? (Juan 8:42-44)

17. ¿Cómo llega uno a nacer en la familia de Dios? (Juan 1:12-13)

Considere escribirle una carta breve o una oración a Dios para expresarle lo que siente al saber que él es su Padre.

La importancia de la garantía de la fe está basada en el hecho de que, como un niño, yo posiblemente no puedo amar o servirle a Dios si yo no sé si él me ama y me reconoce como su hijo.

—ANDREW MURRAY, *The New Life* (LA VIDA NUEVA)

18. Basado en Romanos 8:15-17, ¿cuáles son algunas de las bendiciones de ser adoptado como un verdadero hijo de Dios? De estas bendiciones, encierre en un círculo la que más le toque su corazón.

Complete esta oración:
Ser aceptado en la familia de Dios es como...

19. Describa brevemente dónde se encuentra ahora en su proceso de conocer a Dios como su Padre. (*Abba* es un nombre personal para padre).

Es importante que usted como seguidor o seguidora de Jesús esté seguro de que Dios es su Padre y de que usted tiene vida eterna. Aunque las emociones son importantes para cualquier relación, pueden cambiar por muchas razones. Así que, nuestra seguridad debe depender en última instancia de la Palabra de Dios, quien es confiable y cumple sus promesas. «Les he escrito estas cosas a ustedes, que creen [...], para que sepan que tienen vida eterna» (1 Juan 5:13).

A continuación hay tres versículos que han ayudado a muchos a alcanzar esa seguridad. Considere memorizar uno de ellos para fortalecer su seguridad.

Les digo la verdad, todos los que escuchan mi mensaje y creen en Dios, quien me envió, tienen vida eterna. Nunca serán condenados por sus pecados, pues ya han pasado de la muerte a la vida. JUAN 5:24

Y este es el testimonio que Dios ha dado: él nos dio vida eterna, y esa vida está en su Hijo. El que tiene al Hijo tiene la vida; el que no tiene al Hijo de Dios no tiene la vida. 1 JUAN 5:11-12

¡Mira! Yo estoy a la puerta y llamo. Si oyes mi voz y abres la puerta, yo entraré y cenaremos juntos como amigos. APOCALIPSIS 3:20

REFLEXIONES PERSONALES

Acuérdese, esta es una oportunidad para procesar y expresar creativamente sus pensamientos y emociones. Tenga la libertad para usarlo para: **preguntas** que todavía tiene, **respuestas** que le impactaron, un **resumen** de sus pensamientos y emociones, o **expresión creativa**.

RECUERDE ESTOS PUNTOS

- *Dios lo creó a usted para los propósitos y la gloria de él. Él le dio dignidad al formarlo a su propia imagen.*
- *Dios considera que usted es de gran valor. Nuestro Padre que siempre está presente se interesa de manera personal en conocerlo completamente.*
- *Él lo ama tan intensamente que envió a su Hijo a morir por usted en la cruz. Esta demostración de su amor nos enseña que él quiere darle una vida eterna y abundante.*
- *Cuando Dios le dio esta vida en Jesucristo, usted nació espiritualmente en la familia de Dios. Él es su Padre. Usted es su hijo. Él cuida de usted.*

Dios lo toma en cuenta a usted. La verdad es que él no puede quitarle su mirada. No importa cuán malo usted se considera, Dios está enamorado de usted. Algunos de nosotros aún tenemos miedo de que algún día hagamos algo tan malo que él ya no nos tomaría en cuenta. Bueno, déjeme decirle. Dios lo ama completamente... y en el amor de Dios no hay una escala, solamente amor.

—RICH MULLINS

PROFUNDIZANDO

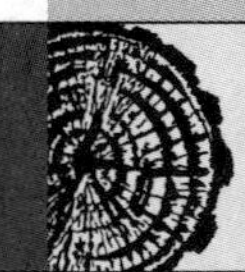

¿Cómo es su padre terrenal? ¿Tienen una amistad ustedes dos? Explique.

¿Cómo es nuestro Padre perfecto celestial? ¿Cuánto agrado siente por él?

¿Cómo cree que sus sentimientos hacia su padre terrenal han afectado lo que usted siente hacia su Padre celestial? Explique.

CAPÍTULO

2

LA PERSONA DE JESUCRISTO

EL HOMBRE SIMPLEMENTE es incapaz de comprender completamente a Dios. Dios es perfecto y santo, mientras que al hombre es imperfecto y pecador. Para superar la separación y unir a Dios y al hombre, Dios tomó en Jesucristo la forma de un hombre.

Jesucristo es «la imagen visible del Dios invisible. [...] Pues a Dios, en toda su plenitud, le agradó vivir en Cristo» (Colosenses 1:15, 19). Eso es lo que significa *deidad*: que Jesucristo era Dios mismo.

Para poder ser la expresión completa de Dios, Cristo tuvo que ser Dios. Para ser visto y entendido por el hombre, él tuvo que ser humano. Jesucristo tiene una naturaleza dual; él es Dios y hombre.

Para empezar a entender a Jesucristo, es necesario explorar su deidad y su humanidad.

LA DEIDAD DE JESUCRISTO

¿Era Jesucristo solamente un gran hombre? Para algunos él fue el fundador de una nueva religión. Otros lo consideran como un profeta. Pero Jesucristo se atribuyó a sí mismo que él era Dios.

Él también autenticó que él era Dios. Si esta atribución no fuera verdadera, ni siquiera lo podríamos llamar un buen hombre, sino que sería un impostor y un mentiroso.

1. El escritor de Hebreos describe la deidad de Cristo en el capítulo 1. Lea ese capítulo antes de responder las preguntas 1-4. La superioridad de Jesús con respecto a los ángeles está demostrada por:

   Versículos 4-5 ______

   Versículo 6 ______

   Versículos 13-14 ______

2. Vea de nuevo Hebreos 1:8-12. En el espacio en blanco al lado de cada extracto, escriba el número del versículo que indica la verdad declarada.

   Jesús es el Creador ____ Jesús es inalterable ____ Jesús es eterno ____ Jesús es recto y justo ____

3. Basado en Hebreos 1:3, ¿qué es lo que lo anima en cuanto a la habilidad de Jesús de revelar a Dios?

4. ¿Cómo ve Dios a Jesús en Hebreos 1:8 y 1:10?

5. Según Juan 10:27-30, ¿qué promete Jesús a aquellos que lo siguen? ¿Cómo lo hace sentir eso?

6. Mientras estuvo en la tierra, Jesús llevó a cabo muchos milagros que demostraron claramente su poder divino. De los siguientes versículos en Mateo 8, enumere las formas en que Jesús demostró su poder sobrenatural.

   Versículo 3 ______

   Versículos 6, 13 ______

   Versículos 16-17 ______

Versículos 23-27

7. Imagínese como si estuviera allí viendo a Jesús hacer esos milagros. ¿Cómo describiría a un amigo lo que sucedió?

8. Lea Juan 11:38-44. ¿De qué manera piensa que los que estaban allí fueron afectados por este derramamiento único del poder de Jesús?

9. ¿Qué concluyó Pedro acerca de Jesús después de observar su vida, su poder y su prédica? (Mateo 16:13–16)

   ¿Y luego en Hechos 4:12?

10. Jesús nació, vivió, murió, se levantó de entre los muertos y ascendió de regreso al cielo. ¿Pero qué está haciendo hoy, y qué hará en el futuro? Tenga en mente los siguientes pasajes cuando medite en Jesús el día de hoy.

    Romanos 8:34

    Filipenses 2:9-11

    Apocalipsis 5:11-12

11. Revise las preguntas del 1 al 10. Escriba tres razones por las cuales cree que Jesucristo es Dios.

LA HUMANIDAD DE JESUCRISTO

12. ¿Cómo se ve la humanidad de Jesús en las siguientes situaciones?

    Juan 4:6

    Juan 4:7

Juan 11:35

13. La tabla en la siguiente página ilustra cómo Jesús cumplió las profecías. ¿Cómo le impactan su concepto de quién es Jesús al leer los versículos que aparecen en la tabla?

14. Mateo 4:1-11 es el relato de una serie de tentaciones que Jesús enfrentó.

    a. En cada una de estas tres respuestas a Satanás, Jesús usó la misma frase.

       ¿Cuál es?

       ¿Qué quiere decir?

    b. Dibuje líneas para conectar los versículos en Mateo 4 con los versículos correspondientes en Deuteronomio.

Mateo 4:4	Deuteronomio 6:13
Mateo 4:7	Deuteronomio 6:16
Mateo 4:10	Deuteronomio 8:3

    c. ¿Cuál tentación enfrenta usted frecuentemente?

    d. ¿Cómo puede seguir el ejemplo de Jesús y armarse a sí mismo contra esta tentación?

MOMENTO DE ORACIÓN

AGRADÉZCALE A DIOS, porque él entiende lo que es ser tentado.

- Pídale a él ayuda para superar esta tentación.
- Cuando falle, asegúrese de reclamar su promesa: «Si confesamos nuestros pecados a Dios, él es fiel y justo para perdonarnos nuestros pecados y limpiarnos de toda maldad» (1 Juan 1:9).
- Agradézcale por su misericordia.

15. Lea Hebreos 4:15-16.

   a. ¿Qué ha experimentado Jesús que es común para el hombre?

   b. ¿Cómo le hace sentir el hecho de que Jesús puede identificarse con el dolor, las tentaciones y los sufrimientos suyos? (Versículo 16)

PROFECÍAS ACERCA DE JESUCRISTO

Las profecías cumplidas ayudan a confirmar el hecho de que Jesús es el Cristo, el Hijo de Dios. Observando las profecías que precedieron a Jesús por cientos de años y viendo cómo Jesús las cumplió en cada detalle revela la autenticidad de su reivindicación. La tabla de abajo es una breve lista de algunas de las profecías hechas en relación con Cristo y cómo Jesús las cumplió.

TEMA	PROFECÍA	CUMPLIMIENTO
Lugar de nacimiento	«Pero tú, oh Belén Efrata, eres solo una pequeña aldea entre todo el pueblo de Judá. No obstante, en mi nombre, saldrá de ti un gobernante para Israel, cuyos orígenes vienen desde la eternidad» (Miqueas 5:2), 700 a. C.	«Jesús nació en Belén de Judea» (Mateo 2:1).
Nacido de una virgen	«¡Miren! ¡La virgen concebirá un niño! Dará a luz un hijo y lo llamarán Emanuel» (Isaías 7:14), 700 a. C.	«Su madre, María, estaba comprometida para casarse con José, pero antes de que la boda se realizara, mientras todavía era virgen, quedó embarazada mediante el poder del Espíritu Santo» (Mateo 1:18).
Su entrada triunfal	«¡Alégrate, oh pueblo de Sión! ¡Grita de triunfo, oh pueblo de Jerusalén! Mira, tu rey viene hacia ti. Él es justo y victorioso, pero es humilde, montado en un burro: montado en la cría de una burra» (Zacarías 9:9), 500 a. C.	«Tomaron ramas de palmera y salieron al camino para recibirlo. Gritaban: "¡Alabado sea Dios! ¡Bendiciones al que viene en el nombre del Señor! ¡Viva el Rey de Israel!" Jesús encontró un burrito y se montó en él» (Juan 12:13-14).
Traicionado por un amigo	«Hasta mi mejor amigo, en quien tenía plena confianza, quien compartía mi comida, se ha puesto en mi contra» (Salmo 41:9), 1000 a. C.	«Entonces Judas Iscariote, uno de los doce discípulos, fue a ver a los principales sacerdotes para llegar a un acuerdo de cómo entregarles a Jesús» (Marcos 14:10).
Su rechazo	«Fue despreciado y rechazado: hombre de dolores, conocedor del dolor más profundo. Nosotros le dimos la espalda y desviamos la mirada; fue despreciado, y no nos importó» (Isaías 53:3), 700 a. C.	«Vino a los de su propio pueblo, y hasta ellos lo rechazaron» (Juan 1:11).
Crucificado con pecadores	«Fue contado entre los rebeldes» (Isaías 53:12), 700 a. C.	«Con él crucificaron a dos revolucionarios, uno a su derecha y otro a su izquierda» (Mateo 27:38).
Manos y pies clavados	«Han atravesado mis manos y mis pies» (Salmo 22:16), 1000 a. C.	«Pon tu dedo aquí y mira mis manos; mete tu mano en la herida de mi costado» (Juan 20:27).
Su resurrección	«Pues tú no dejarás mi alma entre los muertos ni permitirás que tu santo se pudra en la tumba» (Salmo 16:10), 1000 a. C.	«Mataron al autor de la vida, pero Dios lo levantó de los muertos» (Hechos 3:15).
Su ascensión	«Ascendiste a las alturas» (Salmo 68:18), 1000 a. C.	«Jesús fue levantado en una nube mientras ellos observaban, hasta que ya no pudieron verlo» (Hechos 1:9).

c. ¿Cuáles son los beneficios de que Jesús haya vivido la experiencia humana como nosotros? (Versículo 16)

____

____

O este hombre fue, y es, el Hijo de Dios, o es un loco o algo peor. Pero no vengamos con absurdidades condescendientes diciendo que él fue un gran maestro humano. Él no nos ha dejado esa opción. No tuvo la intención de hacerlo.

—C.S. LEWIS

16. ¿Quién cree usted que es Jesús? (marque todos los que aplican)

___Un buen hombre
___Un buen hombre, pero muerto
___Un profeta y maestro
___Un hombre que resucitó de la muerte
___Un hombre que parecía dios
___El Hijo de Dios
___El Salvador de la humanidad
___El Autor y perfeccionador de nuestra fe
___Nuestro hermano
___ (otro) ________________

17. ¿En qué maneras declaraba Jesús que era igual a Dios?

Juan 5:19-20______________________ Igual en lo que hace
Juan 5:21, 28-29__________________ Igual en el poder de la resurrección
Juan 5:22, 27______________________
Juan 5:23__________________________
Juan 5:24-25_______________________
Juan 5:26_________________________ Igual en existencia propia

Jesucristo se encarnó para un único propósito, para hacer un camino de regreso a Dios donde el hombre puede estar delante de él, tal como fue creado para hacerlo, un amigo y amante de Dios mismo.

—OSWALD CHAMBERS

18. ¿Qué preguntas, dudas o inquietudes tiene todavía acerca de Jesús que le gustaría resolver?

____

19. Lea Juan 20:24-29. ¿Qué le pasó a Tomás (a veces llamado el incrédulo) cuando vio a Jesús después de haber resucitado?

____

Vagando en un mar de relativismo, encontramos que sí hay verdad, y la verdad es Jesús. Jesús no solamente predicó las buenas noticias; él es la buena noticia. Esta verdad no es un dogma religioso, una institución, ni siquiera religión. La verdad es una persona. Alcanzamos la verdad cuando nos aferramos a Jesús, el autor de la verdad.

—JONATHAN S. CAMPBEL CON JENNIFER CAMPBELL, *The Way of Jesus: A Journey of Freedom for Pilgrims and Wanderers* (El camino de Jesús: Un recorrido de libertad para peregrinos y vagantes)

REFLEXIONES PERSONALES

¿Dónde se encuentra hoy en su recorrido de descubrimiento acerca de Jesús?

RECUERDE ESTOS PUNTOS

- *Jesucristo es la perfecta imagen de Dios. Como Dios, él tiene autoridad sobre la tierra y los ángeles.*
- *Jesús también fue humano. Muchas de sus experiencias fueron similares a las que usted tiene hoy. Él sufrió y fue tentado. Aunque nunca cedió, esto permite que él lo entienda cuando es tentado. Cuando usted falla, él lo perdona cuando le confiesa sus pecados (1 Juan 1:9).*

PROFUNDIZANDO

Medite en Hebreos 2:11. ¿Por qué cree que Jesús no se siente avergonzado de ser parte de la misma familia que nosotros? ¿Alguna vez ha sentido vergüenza de ser seguidor(a) de Jesús? Explique.

Jesús se describe a sí mismo como alguien que satisface una gran variedad de necesidades. Piense en los siguientes pasajes e indique cómo cada uno de estos aspectos de Jesús puede tener significado para usted.

REFERENCIA	CÓMO JESÚS SE REFIERE A SÍ MISMO	SIGNIFICADO PARA SU VIDA
Juan 4:10-14	Agua viva	
Juan 6:32-35	Pan de vida	
Juan 8:12	La luz del mundo	
Juan 10:7-10	La puerta	
Juan 10:11-18	El buen pastor	
Juan 11:17-27, 32-44	La resurrección y la vida	
Juan 14:1-7	El camino, la verdad y la vida	
Juan 15:1-17	La vid verdadera	

CAPÍTULO

3

LA OBRA DE CRISTO

MUCHOS HAN ESCUCHADO acerca de los últimos eventos en la vida de Jesús en la tierra, a veces llamados la Pasión de Cristo. Él fue injustamente acusado, sentenciado y condenado. Luego sufrió como un criminal común, fue colgado de una cruz hasta morir, y tres días más tarde resucitó de entre los muertos. Pero pocas personas entienden el significado de estos eventos. En este capítulo, explorará la vida de Jesús, su muerte y su resurrección, y lo que todo eso significa.

LA VIDA DE JESUCRISTO

Cerca de 2000 años atrás, Jesucristo nació en el pequeño pueblo de Belén. Cuando Jesús era un niño, José y María lo llevaron a Egipto para escapar de la ira del rey Herodes el Grande. Después, cuando él aún era un muchacho joven, ellos se mudaron al pequeño pueblo llamado Nazaret en la región de Galilea, en la tierra que hoy se conoce como Israel.

1. Cuando el ángel anunció su nacimiento, ¿qué propósito dio para la venida de Jesús al mundo? (Mateo 1:21; Lucas 1:31-33)

2. Después de trabajar como carpintero con su padre José, Jesús comenzó su ministerio público a la edad de treinta años. ¿Cuáles son algunas actividades del ministerio público de Jesús? (Mateo 4:23)

3. Jesús no cumplió su ministerio a solas. Según Marcos 3:14, ¿cuál era su propósito al seleccionar doce hombres para vivir y ministrar con él? ¿Qué criterio cree que utilizó Jesús al seleccionarlos?

4. Lea Lucas 22:25-27. ¿Cómo esperaba Jesús que vivieran sus discípulos?

   ¿Cómo se vería para usted vivir de esa manera hoy?

5. Justo antes de ser crucificado, Jesús cambió su relación con sus discípulos. Los llamó sus amigos (vea Juan 15:15). Mientras medita sobre la vida de Jesús, ¿cree que él hubiera sido alguien con quien usted hubiera hecho amistad? ¿Desea ser su amigo hoy? Explique.

Este estudio simplemente toca algunos de los eventos de la vida de Jesús. Al final del Evangelio de Juan leemos: «Jesús también hizo muchas otras cosas. Si todas se pusieran por escrito, supongo que el mundo entero no podría contener los libros que se escribirían» (Juan 21:25). Algunos de los eventos más conocidos en la vida de Jesús están representados en la ilustración en la página 20.

UNA PERSPECTIVA DE LA VIDA DE CRISTO

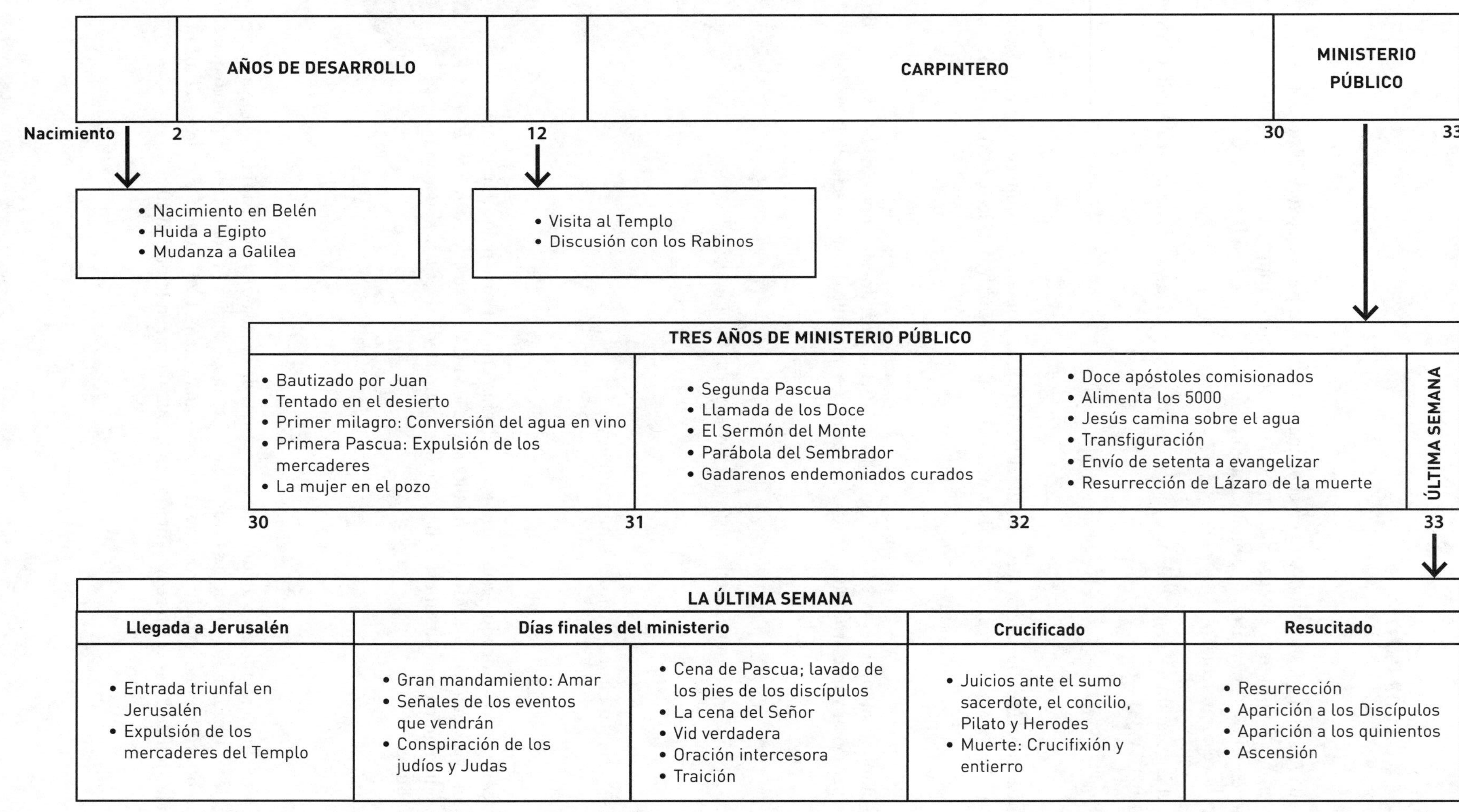

LA MUERTE DE JESUCRISTO

6. Las profecías del Antiguo Testamento y Jesús mismo predijeron su muerte (vea Lucas 18:31-33). Lea Mateo 27:34-44. Describa brevemente su muerte, incluso lo que le estaba pasando a Jesús en ese momento y cómo cree que sufrió.

7. Según Juan 10:17-18, ¿fue Jesús a la cruz voluntariamente? Explique su respuesta.

8. Lea 1 Pedro 3:18 y Juan 3:18-19. ¿Cuál cree que fue la razón por la cual Jesús tuvo que venir y morir?

> *Tal como la abeja pierde su aguijón cuando pica, así también la muerte perdió su aguijón cuando picó a Jesús.* —DENNIS STOKES

9. Lea 1 Corintios 15:55-57. ¿Qué le pasó al poder de la muerte a causa de Jesús?

10. ¿Le parece necesaria y/o justa la muerte de Jesús? ¿De qué manera su respuesta afecta la manera que usted trata su relación con Dios?

LA RESURRECCIÓN DE JESUCRISTO

11. Después de que Jesús murió y fue sepultado, ¿qué se hizo para asegurar su tumba? (Mateo 27:62-66)

12. Lea Mateo 28:1-7. ¿Qué fue descubierto en la tumba el primer día de la semana? ¿Qué dijo el ángel acerca de Jesús?

13. ¿Qué dijeron los soldados que fueron sobornados? (Mateo 28:11-15)

Como abogado he hecho un estudio prolongado de las evidencias de los eventos del primer día de la Pascua. Para mí la evidencia es concluyente, y una y otra vez en la Corte Suprema he asegurado el veredicto con evidencia no tan poderosa [...] yo acepto [la evidencia del evangelio para la resurrección] sin reservas como el testimonio de personas sinceras a los hechos que ellos fueron capaces de sustanciar.

—EDWARD CLARKE, *citado en Basic Christianity* (Cristianismo básico)

14. Después de su resurrección, Cristo se apareció a sus discípulos.

    a. ¿Cuál fue la primera impresión de ellos? (Lucas 24:36-37)

    b. ¿Qué cosas hizo para demostrarles que él tenía un cuerpo? (Lucas 24:39-43)

15. Al pasar los siglos, muchas personas han tratado de negar y refutar la resurrección de Jesús, mientras que los seguidores de Jesús creen que eso es lo central de su fe.

    a. Lea 1 Corintios 15:14-19. ¿Qué pasaría si Cristo no hubiera resucitado de los muertos? ¿Cuáles son algunas implicaciones?

    b. Ahora lea 1 Corintios 15:20-26. ¿Qué pasaría si Cristo de verdad hubiera resucitado de los muertos? ¿Cuáles son algunas implicaciones?

Dios destruyó la severa ley del pecado y la retribución al invadir la tierra y absorber lo peor que le podíamos ofrecer, la crucifixión, y transformar ese hecho malvado en un remedio para la condición humana. El calvario quebró el atolladero entre la justicia y el perdón. Al aceptar todas las demandas severas de la justicia en su propio ser inocente, Jesús rompió eternamente la cadena de la falta de gracia.

—PHILIP YANCEY, *What's So Amazing About Grace?* (¿Qué hay de asombroso en cuanto a la gracia?)

16. Hebreos 12:1-3. ¿Qué cree que motivó a Jesús a soportar el dolor de la traición, vergüenza y muerte? ¿Qué significa eso para usted?

17. ¿Qué significa para usted saber que Jesús resucitó de la muerte y está vivo hoy?

18. ¿Cuál es la esencia del mensaje del evangelio y la esperanza que da? (1 Corintios 15:1-5)

REFLEXIONES PERSONALES

Durante la semana pasada, ¿cómo ha influenciado su vida la realidad de Jesucristo? Explique.

RECUERDE ESTOS PUNTOS

- *Jesucristo nació en Belén, fue criado en Galilea y llegó a ser carpintero. Pasó tres años ministrando a miles y probando que él era el Cristo.*
- *Después, él fue condenado a morir en la cruz para soportar la penalidad por nuestro pecado.*
- *Después de tres días, Jesús resucitó corporalmente de la muerte. Su resurrección es una realidad histórica.*

PROFUNDIZANDO

La Biblia describe la resurrección de Jesús como un hecho histórico que ocurrió en la vida real. En estos pasajes, fíjese en quiénes vieron a Jesús después de que Dios lo levantó de la muerte.

TESTIGOS DE LA RESURECCIÓN DE JESÚS

REFERENCIA	LUGAR	TESTIGOS QUE VIERON A JESÚS DESPUÉS DE SU MUERTE
Juan 21:14-17	Tumba	María Magdalena
Mateo 28:8-9	Saliendo de la tumba	Mujeres
Lucas 24:36-43	Jerusalén	Once discípulos
Juan 20:24-31	Una casa	Tomás
Mateo 28:16-17	Galilea (montaña)	Once discípulos
Lucas 24:13-35	Camino a Emaús	Cleofas y un amigo
Juan 21:13-35	Mar de Tiberias	Discípulos
1 Corintios 15:5	(¿Alrededor de Jerusalén?)	Pedro
1 Corintios 15:6	(¿Alrededor de Jerusalén?)	500 hermanos
1 Corintios 15:7	(¿Alrededor de Jerusalén?)	Santiago
1 Corintios 15:8	Camino a Damasco	Saulo (más tarde nombrado Pablo)

¿Cómo le ayuda esto a fortalecer su confianza en un Jesús viviente?

CAPÍTULO

4

EL ESPÍRITU DENTRO DE USTED

CRISTO RESUCITÓ... y ahora, ¡él vive! Cuando él ascendió al cielo, los ángeles predijeron que él regresaría algún día (Hechos 1:9-11). Mientras tanto, él no dejó solos a sus seguidores. Él les envió al Espíritu Santo —otra persona del Dios Trino— para que todos los seguidores de Cristo puedan disfrutar de su presencia en todo momento y vivir bajo su transformadora influencia y control.

LA VENIDA DEL ESPÍRITU SANTO

1. Mientras Jesús trataba de preparar a sus discípulos para su muerte, ¿qué sentían acerca de su futuro? (Juan 14:1, 18)

2. ¿Qué le pidió Jesús a su Padre que hiciera para confortar a sus discípulos? (Juan 14:16, 26)

3. La influencia y el trabajo de Jesús en la tierra no terminó con su muerte y ascensión... ¡acababa de comenzar! ¿Cuáles son algunas de las cosas que Jesús prometió que continuaría haciendo por sus seguidores cuando regresara al cielo?

   Juan 14:1-2

   Juan 14:3-4

   Juan 14:13-14

   Juan 14:19

   Juan 14:23

   Juan 14:27

   Juan 14:29

   ¿Por qué Jesús les prometió todas estas cosas?

LA OBRA DE JESUCRISTO HOY

4. Lea Efesios 1:20-23. ¿Dónde está Jesús y qué está haciendo ahora?

En lo personal, ¿qué significa esto para usted?

(*Intercesión* significa «pedir misericordia en nombre de otro»).

5. ¿Qué más está haciendo Cristo por nosotros ahora? (Romanos 8:34)

6. En la gran oración de Jesús registrada en Juan 17, ¿cuáles son algunas de las cosas que él pide para sus seguidores?

   Versículo 13

   Versículo 15

   Versículo 17

   Versículo 21

   Versículo 24

7. ¿Cree que hoy Jesús está orando por las mismas cosas para usted? Lea Hebreos 7:24-25. Explique su respuesta.

¡Jesús está vivo hoy! Él reina en el cielo. Él está activo. Él ora por nosotros y perfecciona nuestra fe. Él no es un «no-muerto». [Definición: un muerto con vida].

—DENNIS STOKES

8. ¿Qué más está haciendo Jesús hoy? Lea Efesios 5:25-27. ¿De qué manera ha experimentado en sí mismo el cambio que Jesús está llevando a cabo para hacerlo santo y sin culpa?

Las personas de la Trinidad nunca trabajan por separado. Cada acción de Dios es hecha por las tres personas.

—A.W. TOZER

EL ESPÍRITU SANTO MORA EN NOSOTROS

9. ¿Qué cosa es cierta para cada creyente?

   Romanos 8:9 ______

   1 Corintios 2:12 ______

   1 Corintios 3:16 ______

   Tito 3:5-6 ______

   ¿Cómo responde su corazón a esto? ______

10. ¿Por qué Dios envía a su Espíritu para que habite en el creyente? Circule la letra con la respuesta correcta. (Gálatas 4:6)

    a. Porque el creyente ha sido bautizado.
    b. Porque el creyente es su hijo.
    c. Porque el creyente le ha dedicado su vida a él.
    d. Porque el creyente ha tenido una experiencia especial.

11. ¿Cuáles son algunos resultados de la presencia del Espíritu Santo en la vida del creyente? (2 Timoteo 1:7)

LA GUÍA DEL ESPÍRITU SANTO

12. Gálatas 5:16-17 describe el conflicto en nuestra vida entre ______ y ______.

    ¿Quién debería controlar su vida? ______

    Aquí hay una ilustración del poder que resulta de la unión del Espíritu Santo con el creyente:

    Yo tengo en mis manos un pedazo de plomo. Lo coloco sobre una piscina con agua, y lo suelto. El plomo es atraído irresistiblemente hacia la tierra y se hunde hasta el fondo de la piscina. Ha sido dominado por la ley de la gravedad. Tomo el mismo pedazo de plomo, lo amarro a un pedazo de madera y lo suelto en la piscina. Ahora, flota. Ningún cambio se ha hecho en la naturaleza o tendencia del plomo, ni tampoco ha dejado de actuar la ley de gravedad, pero, a través de su unión con la madera, ha sido dominada por una ley más fuerte, la ley que gobierna los cuerpos flotantes, y ha sido emancipado de la atracción descendente de la gravedad.

    —J. OSWALD SANDERS

13. ¿Qué puede observar en los siguientes pasajes en cuanto a cómo nos guía el Espíritu Santo?

Juan 14:25-27

Juan 16:7-8

Juan 16:12-15

14. ¿Qué usa el Espíritu Santo para comunicar la verdad? (Efesios 6:17)

15. Lea Hebreos 4:12-13. ¿Cómo se siente con este nivel de exposición? ¿Cómo puede usar esto el Espíritu Santo en su vida?

16. ¿De qué otra manera se acerca el Espíritu Santo y nos ayuda? (Romanos 8:26)

17. En Hechos 1:8, Jesús usa las expresiones «recibirán» y «serán». Él hizo esas declaraciones en conjunción con la venida del Espíritu Santo sobre los discípulos.

   a. ¿Cuáles son las dos declaraciones que él hizo?

   b. ¿De qué manera ha experimentado en usted el poder y la fuerza del Espíritu Santo?

   c. ¿Cómo le ayuda el Espíritu Santo a compartir de Jesús y hablar de su fe?

18. Revise las preguntas 9-17. ¿Qué le asegura que el Espíritu Santo vive en usted? ¿Qué impacto ha tenido el Espíritu Santo sobre la manera en que ha vivido esta semana pasada?

19. ¿Qué ha notado sobre el ser llenado por el Espíritu Santo? (Hechos 13:52 y Efesios 5:18)

La vida llena del Espíritu Santo es:

- *Una vida de obediencia al Espíritu Santo (preguntas 11, 12)*
- *Una vida centrada en la persona de Jesucristo (preguntas 4, 8)*
- *Una vida fundamentada en la Palabra de Dios (preguntas 14, 15)*
- *Una vida de oración (preguntas 6,16)*
- *Una vida de comunión (pregunta 20)*
- *Una vida que refleja a y da testimonio de Jesús (preguntas 17, 20)*

La ilustración de la Rueda es una forma útil para recordar estas verdades básicas acerca de la vida llena del Espíritu Santo. Es una vida centrada en Cristo. El Espíritu Santo le ayuda a enfocar su atención en ***Cristo*** y le da las fuerzas para vivir una vida de ***obediencia*** a él. La ***Palabra de Dios*** y la ***oración*** hacen que su relación con Cristo crezca para que él pueda vivir a través de usted y alcanzar a otros por medio de la ***comunión*** y el ***testimonio***. El Espíritu Santo usa cada proceso para cumplir los propósitos de Dios y ayudarnos a crecer.

20. Lea Hechos 4:31-33. Enumere los ejemplos de los principios de la Rueda que fueron demostrados por los discípulos en ese pasaje.

REFLEXIONES PERSONALES

Mientras reflexiona sobre la obra de Cristo y la presencia del Espíritu Santo, ¿se siente digno de recibir la gracia de Dios? ¿Recibir el Espíritu de Dios para que more en usted le da miedo o lo conforta? Exprese cómo esto puede afectar su relación con Dios.

RECUERDE ESTOS PUNTOS

- *Jesucristo prometió que después de su partida él prepararía un lugar para los creyentes y mandaría a su Espíritu Santo para ser nuestro ayudador.*
- *Sentado a la mano derecha de Dios, Cristo reina sobre toda la creación y sobre la iglesia.*
- *Él está orando constantemente por sus seguidores y fortaleciendo su fe.*
- *Hoy, el Espíritu Santo viene a vivir en, guiar y llenar a cada creyente.*
- *El Espíritu Santo nos da poder para tener una vida obediente centrada en Cristo.*

PROFUNDIZANDO

El Espíritu Santo es una persona de la Trinidad y tiene una personalidad. Los siguientes versículos podrán profundizar su entendimiento de quién es el Espíritu Santo. Escoja los que más le interesen. Medite en los versículos presentados, y luego escriba su respuesta.

EL ESPÍRITU SANTO	REFERENCIA	¿QUÉ SIGNIFICA ESTO PARA USTED?
Ora	Romanos 8:26	
Habla	Hechos 13:2	
Enseña	Romanos 8:27	
Ama	Romanos 15:30	
Piensa	1 Corintios 2:10-11; Romanos 8:27	
Decide	1 Corintios 12:11	
Dirige	Romanos 8:14	
Puede ser resistido	Hechos 7:51	
Puede ser probado o provocado	Hechos 5:9	
Puede ser insultado	Hebreos 10:29	
Puede ser blasfemado	Mateo 12:31-32	
Puede ser entristecido	Efesios 4:30	

SEGUNDA PARTE

El seguidor de Jesús lleno del Espíritu

AYUDÁNDOLE A APRENDER

¿**SE HA DADO** cuenta que tiene un tutor personal a su lado mientras estudia la Biblia? Él siempre está disponible para enseñarle a entender lo que significa y cómo se aplica a usted. Él es el Autor de la Biblia, el Espíritu Santo. Jesucristo dijo que el Espíritu Santo «les enseñará todo» y «los guiará a toda la verdad» (Juan 14:26; 16:13).

El Espíritu Santo le enseña de ambas formas, en su estudio personal de la Biblia y cuando oye a los pastores y maestros designados por Dios. Uno no es el reemplazo del otro; usted necesita tanto el estudio personal como la enseñanza de otros.

Para su estudio personal de la Biblia necesita:

- *Tiempo: así como se planifica un tiempo regular durante la semana para la asistencia a la iglesia, también se debería planear un tiempo para el estudio bíblico. A algunos les gusta estudiar un poquito cada día; otros apartan una noche cada semana. Decida el momento que es el mejor para usted, después apéguese a él fielmente.*
- *Un lugar: si es posible, escoja un lugar libre de distracciones.*
- *Un método: cuando mire cada versículo de las Escrituras piense en él cuidadosamente. Después, escriba su respuesta. También es útil leer el contexto (los versículos alrededor) de cada pasaje enumerado. Cada vez que sea posible, escriba las respuestas con sus propias palabras.*
- *Materiales: además de su libro de estudio, necesitará una Biblia completa: Antiguo y Nuevo Testamento.*

En la primera parte, «Su vida en Cristo», descubrió las razones por las cuales Cristo ocupa un lugar central en su vida. Pero se debe haber preguntado cómo se vive una vida llena del Espíritu y centrada en Cristo. En este estudio encontrará las respuestas a estas preguntas en cinco áreas importantes:

- *El seguidor obediente de Jesús*
- *La Palabra de Dios en su vida*
- *Conversando con Dios*
- *Comunión con seguidores de Jesús*
- *Testificando para Cristo*

Pida la guía del Espíritu mientras estudia. El Salmo 119:18 es una buena oración: «Abre mis ojos, para que vea las verdades maravillosas que hay en tus enseñanzas».

Como descubrimos en la primera parte, tener a Jesús en el lugar central de nuestra vida nos da el poder para vivir una vida llena del Espíritu. Así como el poder movilizador de la rueda viene del eje, así nuestra fuente de poder viene de Cristo.

Los rayos que salen de **Cristo** son algunos de los medios por los cuales experimentamos la gracia y transformación de Dios. En la medida que lo mantenemos en el centro al admirarlo y adorarlo en todo momento, nuestra intimidad con Dios se profundiza. Las rayas verticales son clave para disfrutar de nuestra relación con Dios.

La **Palabra** nos ayuda a conocer a Dios y experimentar su verdad. Nos nutre espiritualmente y nos prepara para la batalla espiritual. Dios está presente en su Palabra viva como una fuerza dinámica que transforma y protege nuestras vidas. El Espíritu Santo nos guía e interactúa con nuestros corazones mientras nos conectamos con la Palabra de Dios.

A través de la **Oración** hablamos con nuestro Padre celestial y le ofrecemos nuestra alabanza, agradecimiento y necesidades. Dios escucha y responde al llenar nuestros corazones de consuelo, verdad y esperanza. Este proceso también profundiza nuestra intimidad con Dios y hace crecer nuestra confianza en él. Cuando no sabemos qué orar, el Espíritu Santo intercede por nosotros.

Las rayas horizontales se tratan de nuestra relación con aquellos que siguen a Jesús y aquellos que no lo conocen aún.

La verdadera **Comunión** permite que el amor y la humildad fluyan en maneras que protegen nuestros corazones. A través de esta comunidad podemos dar y recibir ánimo, dirección y verdad. Dios usa estas relaciones para suplir nuestras necesidades, ayudarnos a crecer y captar la atención de un mundo que nos mira.

Somos transformados a ser más como Cristo a medida que Dios nos da sus buenas noticias. Del desborde de esta relación, podemos asociarnos con Dios y compartir el evangelio de Jesús y su Reino. Al **Testificar**, compartimos con otros nuestra propia experiencia y las verdades maravillosas de Dios.

Todos estos se unen en el borde de la rueda. Vivir en **Obediencia** diaria nos conecta al camino de la vida para traerle gloria a Dios.

CAPÍTULO

5

EL SEGUIDOR OBEDIENTE DE JESÚS

EN EL MOMENTO que colocó su fe en Jesucristo como su Salvador, una vida de obediencia a Dios llegó a ser una posibilidad real. El Espíritu Santo lo liberó a usted de la esclavitud del pecado, de la vergüenza y de la muerte (Romanos 8:2). Él le permite vivir una vida como la de Cristo.

> ***No es solo que debemos luchar para vivir como Jesús, sino que Jesús con su Espíritu debe venir y vivir en nosotros. Tenerlo como nuestro ejemplo no es suficiente; lo necesitamos a él como nuestro Salvador. Es de esta forma, por su muerte expiatoria, que la paga de nuestros pecados puede ser perdonada; mientras que es a través de la permanencia del Espíritu que el poder de nuestros pecados puede ser destruido.***
>
> —JOHN R. W. STOTT

Mientras aprende más acerca del creyente obediente en acción, recuerde que el Espíritu Santo lo ayudará a obedecer.

UNA BASE PARA LA OBEDIENCIA: CONTEMPLAR A DIOS

El deseo sincero de obedecer a Dios comienza con recordar quién es él y qué desea él para usted.

1. ¿Qué le dicen acerca de Dios las siguientes declaraciones?
   a. Apocalipsis 11:33-36
   b. Apocalipsis 1:17-18
   c. Apocalipsis 4:11
   d. ¿Cómo influyen estos destellos del carácter de Dios en su obediencia a Dios?

2. Lea Deuteronomio 26:16-19
   a. ¿Cómo se describe la relación entre Dios y su pueblo?
   b. ¿Qué expectativas (comportamientos y actitudes) tenía Dios de su pueblo?
   c. ¿Qué le prometió Dios a su pueblo?

3. Lea Salmo 40:7-8 para descubrir cómo David respondió al llamado de Dios a la obediencia. Ahora escriba con palabras propias la manera en que su corazón responde a ese llamado de Dios a la obediencia.

4. Reflexione sobre Juan 14:15 y 14:21. Trate de expresar lo que es la relación entre amar a Dios y obedecerlo.

5. Dios no solamente nos ama, él nos ama celosamente. Por nuestro propio bien, él no quiere que nada ni nadie le robe su lugar en nuestros corazones y nuestra devoción. A la luz de los siguientes versículos, ¿qué hay de bueno en que Dios sea el Amante celoso de nuestra alma?

«No adores a ningún otro dios, porque el Señor, cuyo nombre es Celoso, es Dios celoso de su relación contigo». ÉXODO 34:14

¡Oh gente infiel! ¿No saben ustedes que ser amigos del mundo es ser enemigos de Dios? Cualquiera que decide ser amigo del mundo, se vuelve enemigo de Dios. Por algo dice la Escritura: «Dios ama celosamente el espíritu que ha puesto dentro de nosotros». SANTIAGO 4:4-5, DHH

¿Cuán diferente sería su historia si Dios no fuera celoso por usted?

6. Mientras examina su viaje espiritual hasta este momento, ¿qué le ha costado su desobediencia a Dios? ¿Cómo le han beneficiado sus decisiones de obediencia?

La conformidad suena como «Está bien, está bien. Lo haré. Pero no va a ser bonito. Lo haré, pero esto no se termina. Alguien, en algún momento y en algún lugar, va a pagar...». La obediencia del corazón dice: «Lo haré porque confío en ti y creo que esto es para el bien nuestro».

—BILL THRALL, KEN MCELRATH, BRUCE MCNICOL *EN BEYOND YOUR BEST* (MÁS ALLÁ DE LO MEJOR DE USTED)

7. ¿Cuál cree que Dios desea de usted: conformidad de mala gana u obediencia confiada? ¿Por qué?

OBEDECER LOS DESEOS DE DIOS PARA SU VIDA

¿Cómo sabe lo que Dios desea para su vida? La Biblia es la verdad de Dios revelada, y la obediencia a la Palabra de Dios es obediencia a Dios mismo.

8. El Salmo 119 trata la importancia de la Palabra de Dios. ¿Cuáles son algunas formas en que la Biblia lo puede ayudar a vivir bien para Cristo?

   Versículo 11

   Versículo 105

Versículo 130 ___

9. En 2 Timoteo 3:16, Pablo dice que las Escrituras son útiles para:

   a. ___ (Qué creer y qué hacer)
   b. ___ (Reconocer el pecado)
   c. ___ (Cómo cambiar)
   d. ___ (Cómo vivir)

Esto puede ser ilustrado de la siguiente manera:

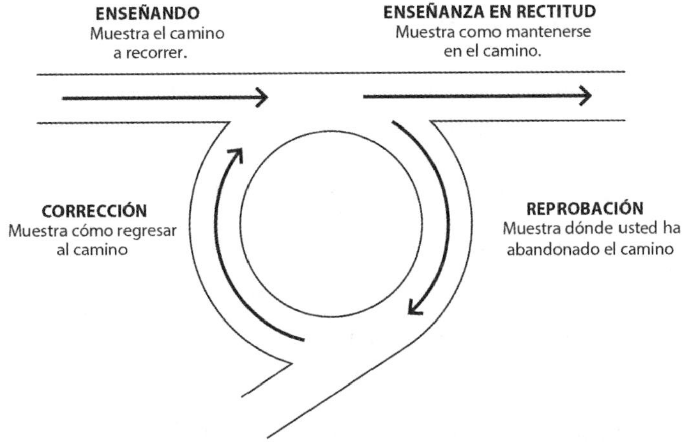

10. Quizás recientemente la Palabra de Dios ha hecho que usted esté consciente de un área de su vida que necesite ser llevada a una obediencia más cercana a Dios. Si es así, ¿cuál área?

11. ¿Qué ve en estos versículos acerca de la voluntad y los mandamientos de Dios para usted que lo motivan a confiar y obedecerlo a él?

    Jeremías 29:11 ___

    Romanos 12:2 ___

    1 Juan 5:3 ___

    ¿Hay algo en la voluntad o los mandamientos de Dios para usted que le provocan susto? Explique.

    ¿Qué hace que la voluntad y los mandamientos de Dios sean buenos para usted?

12. Dios no espera que usted viva con su propia fuerza una vida de obediencia. Él lo ha provisto de todo lo necesario para hacer de la obediencia una realidad. Además de su propia presencia, ¿qué más le ha dado Dios para ayudarlo a vivir para él? Conecte la letra con su versículo apropiado.

2 Timoteo 1:7	a. Todo lo que necesitamos para una vida agradable a Dios
2 Pedro 1:3	b. Las Escrituras
Romanos 15:4	c. Poder, amor y autodisciplina
1 Juan 4:4	d. Poder para vencer nuestro enemigo en este mundo
2 Corintios 6:16	e. Dios viviendo en nosotros

LA PRÁCTICA DE VIVIR EN OBEDIENCIA

El cristiano obediente todavía enfrenta luchas diarias con la tentación. Con la ayuda de Dios podemos practicar la obediencia y ganar la victoria sobre el pecado.

13. En los siguientes versículos descubra el origen y las causas de la tentación:
    a. ¿Quién es el tentador? (Mateo 4:1-3)__________
    b. ¿Quién nunca origina la tentación? (Santiago 1:13)__________
    c. ¿Qué causa que usted sea atraído por la tentación? (Santiago 1:14)__________

14. En Josué 7:20-21, examine las declaraciones de Acán acerca de su desobediencia.
    a. ¿Qué factores contribuyeron a su desobediencia?
    b. ¿En qué momento pudo él haber evitado su pecado?
    c. ¿Qué podemos aprender de su error?

15. Utilizando los siguientes versículos como guía, escriba una breve definición del pecado. (Isaías 53:6; Santiago 4:17; 1 Juan 3:4)

    ¿Cómo se diferencia el pecado de la tentación?

16. Considere 1 Corintios 10:13.

    a. ¿Las tentaciones que usted enfrenta serán diferentes y tal vez más difíciles que aquellas que otros enfrentan?

    b. ¿Qué límite pone Dios en las tentaciones?

    c. Cuando usted es tentado, ¿qué es lo que Dios de seguro proveerá?

17. En 1 Juan 1:9, se nos dice que debemos (marque la respuesta correcta):

    ____ sentirnos mal acerca del pecado.
    ____ tratar de hacer algo para compensar por el pecado.
    ____ confesar los pecados a Dios.
    ____ tratar de olvidarnos del pecado.

    ¿Por qué es importante esto?

18. En el Salmo 32:5, David ora y confiesa su pecado. Escriba este versículo con sus propias palabras.

La práctica de caminar en victoria puede ser visualizada como sigue:

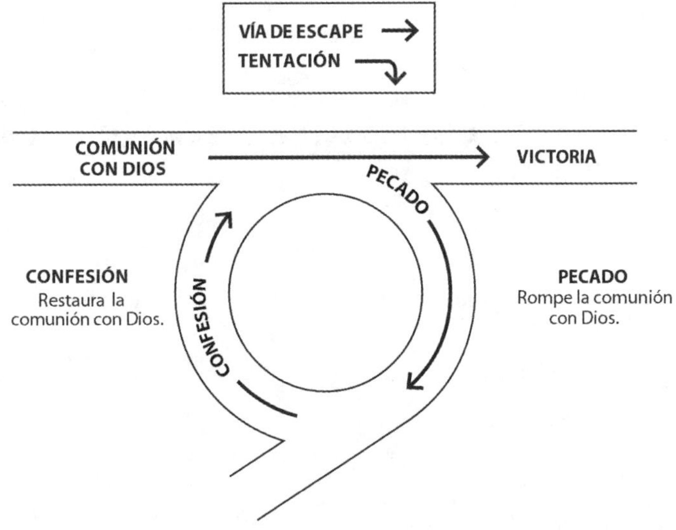

19. ¿De qué formas prácticas puede usted evitar caer en la tentación y empezar a caminar en victoria?

    Proverbios 4:13-15

    Santiago 4:7

PARA SOMETERSE A DIOS debe ceder su voluntad a la voluntad de Dios.
PARA RESISTIR AL DIABLO debe usar las provisiones de Dios para la victoria.

20. Estas preguntas acerca del pecado y la tentación probablemente le recuerden el conflicto diario que experimenta.

    a. Consulte la pregunta 10. ¿Cuál es el problema principal en el área que anotó?

    b. ¿Cómo empieza a evidenciarse la tentación a desobedecer a Dios en esta área?

    c. ¿Qué pasos puede dar para evitar estos comienzos?

Dejen que el Espíritu Santo los guíe en la vida. Entonces no se dejarán llevar por los impulsos de la naturaleza pecaminosa. GÁLATAS 5:16

VERSÍCULO SUGERIDO PARA LA MEDITACIÓN Y MEMORIZACIÓN

1 Juan 1:9

Si confesamos nuestros pecados a Dios, él es fiel y justo para perdonarnos nuestros pecados y limpiarnos de toda maldad.

1 Juan 1:9

REFLEXIONES PERSONALES

Hacer un compromiso con alguien es la base para cualquier relación a largo plazo. Eso no es diferente para Dios, quien es su Creador, su Señor y el Amante de su alma. Él ha hecho un compromiso eterno con su pueblo y lo ha sellado con la obra de Cristo y la morada del Espíritu Santo. Él desea que nos comprometamos a seguir a Jesús y sus caminos. Al reflexionar acerca de su caminar con Dios, escriba cómo se siente sobre su compromiso de seguirlo a él, de obedecer sus caminos y de amar al Amante de su alma.

RECUERDE ESTOS PUNTOS

- *Su obediencia a Dios está basada en el hecho de que él es su Creador, su Señor y el Amante de su alma. Lo obedece por quién es él. Simplemente, él es digno de nuestra obediencia.*
- *Dios revela sus caminos a través de las Escrituras, y sus mandamientos son buenos.*
- *Hasta el punto en que usted se apropie de las provisiones de Dios para la victoria, puede experimentar una vida de confianza y obediencia a él.*
- *Sin embargo, usted no es inmune a la tentación y al pecado. El pecado no quita el amor de Dios para usted, pero sí rompe su comunión con él. La confesión restaura esa comunión.*

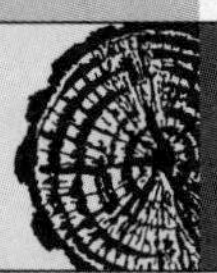

PROFUNDIZANDO

En Mateo 7:24-27 Jesús presenta una viva imagen de dos tipos de personas: el hombre sabio y el hombre necio. Lea este pasaje y responda las siguientes preguntas:

	SABIO	NECIO
¿Sobre qué fundamento se construyó la casa?		
¿Qué cree que representa cada fundamento?		
¿A qué fuerzas estaban expuestas ambas casas?		
¿Cuál fue el resultado?		
¿Escuchó esa persona la Palabra de Dios?		
¿Cómo respondió a la Palabra de Dios?		

Basado en cómo usted está viviendo su vida, ¿qué cree que Dios le está diciendo a través de esta historia?

CAPÍTULO

6

LA PALABRA DE DIOS EN SU VIDA

EN DEUTERONOMIO 32:47 Moisés le comunicó al pueblo que lideró cuán crucial e importante es la Palabra de Dios : «No son palabras vacías; ¡son tu *vida*! Si las obedeces, disfrutarás de muchos años en la tierra que poseerás al cruzar el río Jordán» (énfasis añadido).

Un soldado usa su espada hábilmente en la batalla como arma ofensiva y defensiva. A usted Dios lo ha equipado con un arma similar para su batalla espiritual: «la espada del Espíritu, la cual es la palabra de Dios» (Efesios 6:17). El Espíritu Santo usa la Palabra de Dios para lograr la obra de Dios.

> *La gran necesidad del momento entre personas espiritualmente hambrientas es doble: primero, conocer las Escrituras, aparte de las cuales ninguna salvación verdadera será concedida por nuestro Señor; la segunda, ser educado por el Espíritu; sin él, las Escrituras no serán entendidas.*
>
> —A. W. TOZER

LA PALABRA DE DIOS: SU COMUNICACIÓN CON USTED

La Biblia es el libro más extraordinario que haya sido escrito. De hecho, ¡es una biblioteca entera compuesta de sesenta y seis libros! Las Escrituras fueron hechas por cerca de cuarenta personas de muchas ocupaciones: granjeros y pescadores, maestros y doctores, oficiales públicos y reyes. Ellos escribieron a través de un período de aproximadamente 1500 años, y en tres idiomas: hebreo, arameo y griego. Escribieron acerca de muchos temas (incluyendo religión, historia, leyes y ciencia) y en muchos géneros literarios (incluyendo biografía, profecía, poesía y drama). Con tanta diversidad, es asombroso que la Biblia esté «armoniosamente unida como las partes que forman el cuerpo humano». Esto es porque la Biblia tiene un gran tema y una figura central: Jesucristo. Todo esto sería imposible a menos que la Biblia tuviera un Autor supremo... y lo tuvo: el Espíritu Santo de Dios.

1. ¿Qué dice 2 Timoteo 3:16 acerca de las Escrituras? (Circule la letra con la respuesta correcta).

   a. Parte de la Biblia es inspirada por Dios.

   b. Toda la Biblia es inspirada por Dios.

   c. Solamente las partes que le hablan a usted de una forma personal son inspiradas por Dios.

   Según este versículo, ¿las Escrituras son útiles para qué en nuestras vidas?

Inspirado *viene de una palabra griega que significa «respirada por Dios». Entonces, el significado no es que Dios respiró en los escritores, ni que de alguna forma él respiró en los escritos para darles su carácter especial, sino que lo que fue escrito por los hombres fue espirado por Dios. Él habló por medio de ellos. Ellos fueron sus portavoces.*

—JOHN R. W. STOTT

2. ¿Cómo fueron dadas las Escrituras? (2 Pedro 1:20-21)

   Entonces, ¿quién le ayuda a usted a entender la Biblia? (1 Corintios 2:12-13)

3. ¿Cómo describen a la Palabra de Dios los siguientes versículos?

   Mateo 24:35

   Juan 17:17

ANTIGUO TESTAMENTO (39 libros)			« El Nuevo está oculto en el Antiguo. El Antiguo está revelado en el Nuevo».		NUEVO TESTAMENTO (27 libros)	
HISTORIA **17 libros** **Ley** Génesis Éxodo Levítico Números Deuteronomio **Historia y gobierno** Josué Jueces Rut 1 Samuel 2 Samuel 1 Reyes 2 Reyes 1 Crónicas 2 Crónicas Esdras Nehemías Ester	**POESÍA** **5 libros** Job Salmos Proverbios Eclesiastés Cantar de los Cantares	**PROFECÍA** **17 libros** **Profetas mayores** Isaías Jeremías Lamentaciones Ezequiel Daniel **Profetas menores** Oseas Joel Amós Abdías Jonás Miqueas Nahúm Habacuc Sofonías Hageo Zacarías Malaquías	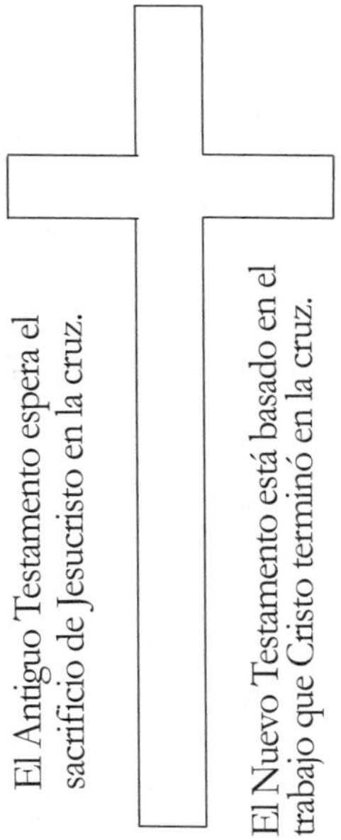 El Antiguo Testamento espera el sacrificio de Jesucristo en la cruz. El Nuevo Testamento está basado en el trabajo que Cristo terminó en la cruz. Cerca de 400 años entre testamentos	**HISTORIA** **5 libros** **Evangelios** Mateo Marcos Lucas Juan **La primera iglesia** Hechos	**ENSEÑANZA** **21 libros** **Cartas de Pablo** Romanos 1 Corintios 2 Corintios Gálatas Efesios Filipenses Colosenses 1 Tesalonicenses 2 Tesalonicenses 1 Timoteo 2 Timoteo Tito Filemón **Cartas generales** Hebreos Santiago 1 Pedro 2 Pedro 1 Juan 2 Juan 3 Juan Judas	**PROFECÍA** **1 libro** Apocalipsis

Dios usó cuarenta hombres diferentes por un período de 1500 años (cerca del 1400 a. C. hasta el 90 d. C.) para escribir la Biblia.

4. ¿Qué cree que significa el que la Palabra de Dios sea «viva»? (Hebreos 4:12)

5. Examine cuidadosamente el Salmo 19:7-11. Utilice la siguiente tabla para ayudarle en su investigación.

VERSÍCULO	CÓMO ES LLAMADA LA BIBLIA	SUS CARACTERÍSTICAS	LO QUÉ HARÁ PARA MÍ
7	enseñanzas	perfectas	reavivan el alma
	decretos	confiables	dan sabiduría
8			
9			
10			
11			

En la tabla de arriba, coloque una marca al lado de los dos o tres pensamientos que más le impresionaron acerca de la Biblia. Luego, anote por qué lo impresionaron tanto.

6. La Biblia es como una carta de amor de parte de Dios. En ella, él se revela a sí mismo, sus propósitos y sus planes. Mientras lee cualquier pasaje de las Escrituras, piense en esta pregunta: ¿Qué me dice este pasaje acerca de quién es Dios y qué es lo que tiene en su corazón? Intente hacer esto mientras lee 1 Pedro 1:3-5.

Cuando empezamos a descubrir el tema de casamiento entretejido en toda la Biblia no solamente cambiará la manera en que leemos las Escrituras, sino que también nos permitirá entender y experimentar el romance de la redención.

—S.J. HILL, *Burning Desire* (Deseo ardiente)

CÓMO LO AYUDA LA BIBLIA

7. Busque los siguientes versículos y resuma algunas de las formas en que la Biblia es importante para usted como seguidor de Jesús.

   Juan 5:39 ____________________

   2 Pedro 1:4 ____________________

   1 Juan 2:1 ____________________

8. La metáfora es una forma de explicar algo comparándolo con algo similar y usualmente algo tangible. En los siguientes versículos, ¿con qué se compara la Palabra de Dios? ¿Cuál es la función de esos objetos?

VERSÍCULO	OBJETO	FUNCIÓN
Jeremías 23:29		
Mateo 4:4		
Santiago 1:23-25		
Hebreos 4:12		

¿Cuál de estas metáforas de la Biblia tiene similitud con su propia experiencia? Explique.

COMÓ LLEGAR A SER UN HOMBRE O UNA MUJER DE LA PALABRA

9. Si quisiera leer un solo pasaje en las Escrituras que describe la Palabra viva de Dios, el Salmo 119 sería un lugar perfecto para empezar. Casi cada versículo habla de la Palabra de Dios y su aplicación en el diario vivir. Fíjese en las actitudes y acciones del salmista en relación con la Palabra de Dios. Empezando con el versículo 11, llene el siguiente diagrama.

VERSÍCULO	ACTITUD	ACCIÓN
9	Guardar la Palabra de Dios	Vida pura
10	Buscó a Dios de todo corazón	Oró: «No dejes que me desvíe»
11		
12		
13		
14		
15		
16		

10. Según Juan 8:31-32, ¿qué es lo que caracteriza a un discípulo de Cristo?

¿Cómo le explicaría estas palabras a otra persona?

11. Llene los espacios en blanco para los siguientes versículos.

	ACCIÓN QUE TOMAR	POR QUÉ
Salmo 78:5-7		
Hechos 17:11		
Santiago 1:22		
Apocalipsis 1:3		

12. Esdras es un buen ejemplo de un hombre que sintió una responsabilidad hacia la Palabra de Dios. ¿Qué hizo él con las Escrituras? (Esdras 7:10)

Fíjese en el orden de las acciones de Esdras. Él aplicó las Escrituras en su propia vida antes de enseñarlas a otros. ¿Por qué cree que eso es importante?

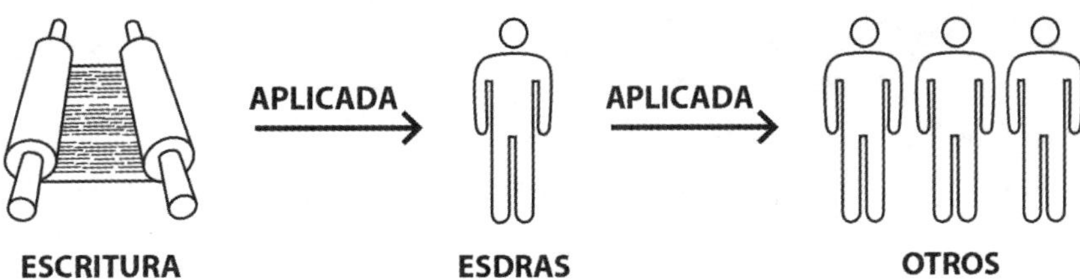

13. Reflexione cuidadosamente sobre Colosenses 3:16. ¿Qué pasos prácticos puede tomar para permitir que la Palabra de Cristo viva plenamente en usted? (Ejemplos: tomar notas durante los sermones, escribir versículos de memoria).

    Durante la próxima semana, ¿cómo puede poner en práctica uno de estos pasos prácticos?

Estos cinco métodos para internalizar las Escrituras lo ayudarán a agarrarse firmemente de la Palabra de Dios.

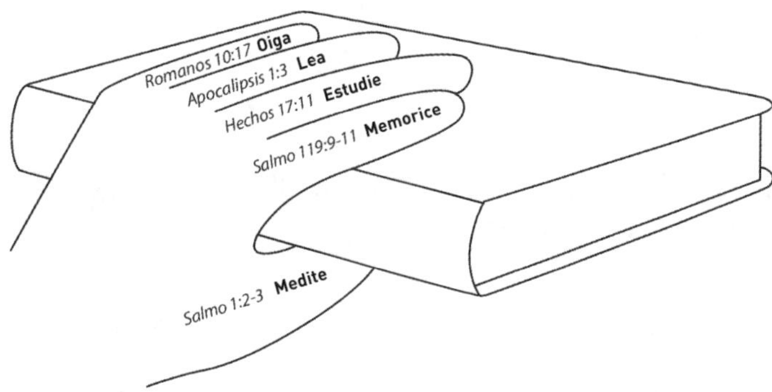

LA IMPORTANCIA DE LA MEDITACIÓN

La meditación sobre las Escrituras es reflexionar en oración con la intención de entender y aplicar. El objetivo principal es conocer a Dios profundamente y vivir la vida dentro de la voluntad de Dios al examinar en oración cómo conectar la Palabra de Dios con uno mismo.

14. Basado en Josué 1:8, conteste las siguientes preguntas:

    a. ¿Sobre qué debe usted meditar?

b. Explique la diferencia entre meditación y aplicación.

c. ¿Cuáles son los resultados de la meditación?

15. Aprender a hacer sus propias preguntas profundizará sus momentos de meditación en la Palabra de Dios. Medite sobre el Salmo 1 y anote sus hallazgos. Aquí hay algunas preguntas para ayudarlo a empezar:

    ¿De qué manera debe un seguidor de Cristo ser como un árbol?

    ¿Cuáles son las diferencias entre la persona piadosa y la impía con respecto a los hábitos, la estabilidad y el futuro?

    ¿Qué nuevas ideas de este Salmo lo ayudarán en su relación con Dios?

    Otra pregunta suya:

    En el siguiente espacio en blanco, haga un dibujo simple que describa el contenido de los versículos 2 y 3.

16. Note la respuesta del corazón de Jeremías en Jeremías 15:16. ¿De qué maneras puede su propio corazón responder a las palabras de Dios?

VERSÍCULO SUGERIDO PARA LA MEDITACIÓN Y MEMORIZACIÓN

Salmo 119:9-11

¿Cómo puede un joven mantenerse puro? Obedeciendo tu palabra. Me esforcé tanto por encontrarte; no permitas que me aleje de tus mandatos. He guardado tu palabra en mi corazón, para no pecar contra ti.

Salmo 119:9-11

REFLEXIONES PERSONALES

Lea el Salmo 19:1-6 y piense en cómo Dios se revela a nosotros a través de la naturaleza. Luego lea Salmo 19:7-11 y considere cómo él se revela a nosotros a través de las Escrituras. Mientras escuchamos el lenguaje silencioso de Dios a través de la naturaleza, es muy útil preguntarnos, «¿Qué puede este aspecto de la naturaleza decirnos acerca de quién es Dios y quién soy yo?». Por ejemplo, mire las flores del campo y medite en Isaías 40:6-8. ¿Qué pueden las flores silenciosamente decirnos acerca de quién es Dios y quién soy yo? Haga lo mismo con otros aspectos ordinarios de la vida, como el sueño, la ropa, la comida y así sucesivamente.

RECUERDE ESTOS PUNTOS

- *Dios se ha comunicado con la gente por medio de su Palabra, la Biblia.*
- *La Biblia es una carta de amor de Dios el Padre a sus hijos e hijas. Se debe leer como una comunicación personal de él.*
- *A través de las Escrituras, usted puede aprender a conocer mejor a Dios, entender sus deseos para su vida y descubrir nuevas verdades acerca de cómo vivir para él.*
- *Dios manda a sus creyentes a dejar que su Palabra habite plenamente en ellos. Por lo tanto, es importante que se entregue de corazón para permitir que la Palabra de Dios llene su vida.*
- *Dios hace énfasis en el acto de meditar sobre su Palabra porque la meditación efectiva conduce a una aplicación personal.*

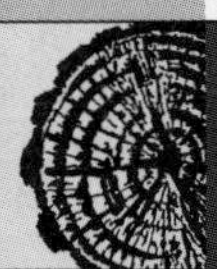

PROFUNDIZANDO

Leer sistemáticamente toda la Biblia (¡sí, *toda* la Biblia!) le puede dar una vista panorámica del mensaje de Dios. Si nunca ha leído toda la Biblia, le sugiero que empiece con el Nuevo Testamento. Esto le dará un contexto para leer y entender el Antiguo Testamento. Tal vez desee leer una traducción de la Biblia que sea más fácil de leer como la *Nueva Versión Internacional* (NVI), la *Nueva Traducción Viviente* (NTV) o *Dios Habla Hoy* (DHH). Escoja una velocidad realista. Use un simple cuadro para saber cuáles libros y capítulos ya leyó.

Aquí hay un reto. Si lee la Biblia por solo quince o veinte minutos cada día (como la misma cantidad de tiempo que se toma para leer el periódico o leer los correos electrónicos), usted puede terminar el Nuevo Testamento en aproximadamente tres meses.

Aquí hay un reto aún más grande. ¿Por qué no establecer la meta de leer la Biblia entera cada año por los siguientes tres años? Lo podrá hacer leyendo solamente quince minutos cada día.

CAPÍTULO

7

CONVERSANDO CON DIOS

LA COMUNICACIÓN ES esencial para cualquier relación creciente, incluyendo nuestra relación con Dios. La oración es nuestro medio para hablar con Dios y para escuchar mientras él nos habla.

> *El Espíritu se conecta con nosotros cuando oramos y derrama sus súplicas en las nuestras. Puede que dominemos la técnica de orar y entendamos su filosofía; puede que tengamos una confianza ilimitada en la veracidad y validez de las promesas relacionadas con la oración. Puede que las supliquemos con sinceridad. Pero si ignoramos el papel del Espíritu Santo; hemos fallado en utilizar la llave maestra*[*].
>
> —J. OSWALD SANDERS

[*] J. Oswald Sanders, *Spiritual Leadership* [Liderazgo espiritual] (Chicago, Moody, 1967), 79.

LA ORACIÓN: SU COMUNICACIÓN DE DOBLE VÍA CON DIOS

1. Según Hebreos 4:16, como creyente en Cristo se le ha dado una oportunidad especial. De este pasaje, ¿cuáles son algunas de las cosas que lo animan a acercarse a Dios en oración?

2. Porque Dios es el refugio del creyente, ¿qué se le indica que debe hacer? (Salmo 18:2-3)

   ¿Siente como que necesita un refugio? ¿Por qué sí o por qué no?

3. Dios está presente en todos lados (vea Salmo 139:7-10). ¿Cómo podría esta realidad impactar su práctica de la oración?

   ¿Cómo se relaciona 1 Tesalonicenses 5:17 con esta realidad?

> ***Las mejores oraciones usualmente tienen más gemidos que palabras.***
>
> —JOHN BUNYAN

4. ¿Cuáles son algunas emociones sobre las que puede dialogar con Dios?

5. Cuando usted ora, el Espíritu Santo lo ayuda a saber qué decir y cómo decirlo (Romanos 8:26-27). ¿De qué manera le anima esto?

6. ¿Qué actitudes puede usted tener al acercarse a Dios?

   Salmo 27:8

   Salmo 46:10

Salmo 63:1

¿Qué verdades son ilustradas en este diagrama?

DIOS
ESPÍRITU SANTO
JESUCRISTO
BIBLIA
ESPÍRITU SANTO
HOMBRE

LOS BENEFICIOS DE LA ORACIÓN

Los creyentes tenemos el privilegio de hablar con Dios acerca de todo. También experimentamos grandes beneficios de nuestra comunión con Dios.

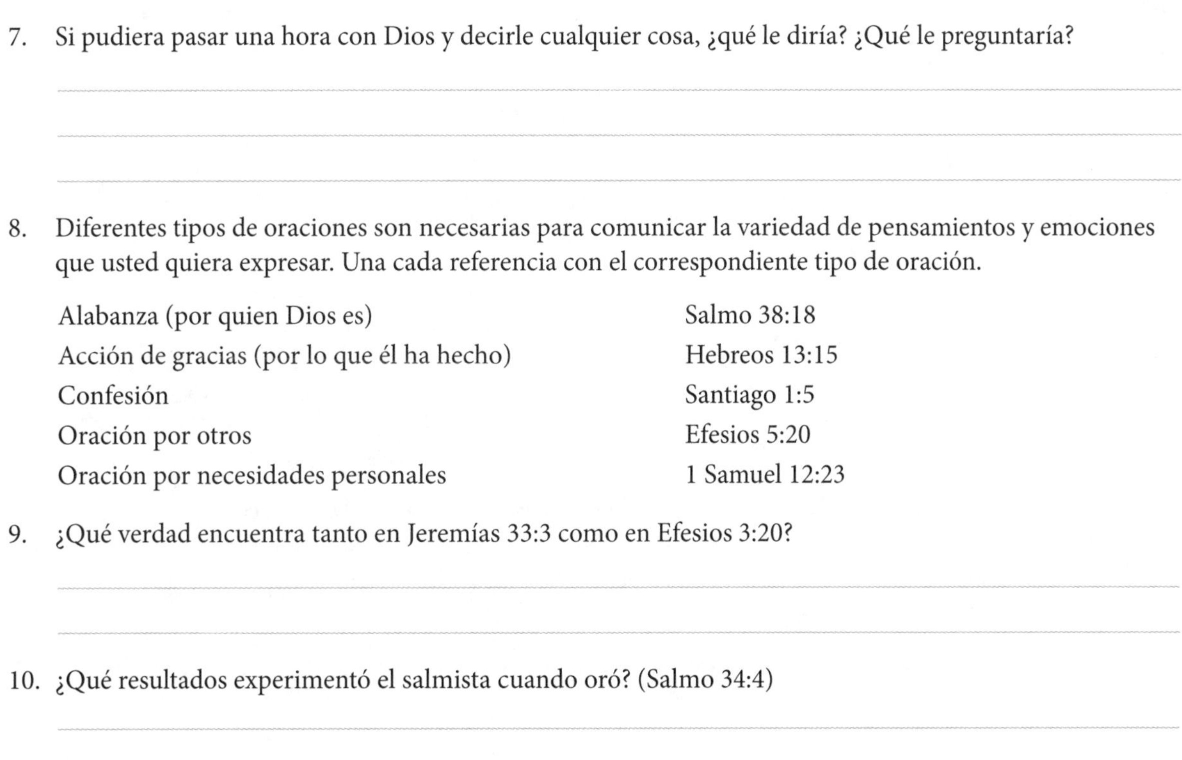

7. Si pudiera pasar una hora con Dios y decirle cualquier cosa, ¿qué le diría? ¿Qué le preguntaría?

8. Diferentes tipos de oraciones son necesarias para comunicar la variedad de pensamientos y emociones que usted quiera expresar. Una cada referencia con el correspondiente tipo de oración.

Alabanza (por quien Dios es)	Salmo 38:18
Acción de gracias (por lo que él ha hecho)	Hebreos 13:15
Confesión	Santiago 1:5
Oración por otros	Efesios 5:20
Oración por necesidades personales	1 Samuel 12:23

9. ¿Qué verdad encuentra tanto en Jeremías 33:3 como en Efesios 3:20?

10. ¿Qué resultados experimentó el salmista cuando oró? (Salmo 34:4)

11. Pablo escribió en Filipenses 4:6-7 acerca de una llave poderosa para liberarse de la ansiedad.

a. ¿Qué debe hacer usted?

b. ¿Por qué cree usted que Dios está interesado en cada área de su vida?

c. ¿Cuál es la promesa de Dios y cómo puede esto protegerlo?

d. ¿En qué área puede empezar a aplicar esta verdad inmediatamente?

CONDICIONES DE LA ORACIÓN

12. ¿Qué condiciones para la oración encuentra en los siguientes versículos?

Salmo 66:18

Mateo 21:22

Juan 15:7

Juan 16:24

Santiago 5:16

1 Juan 5:14-15

13. Incluso cuando se cumple con las condiciones, algunas veces parece que Dios no contesta nuestra oración. Pero recuerde que «No» y «Espere» son respuestas tan ciertas como lo es un «Sí». ¿Le ha contestado Dios alguna vez con un «No» a su petición y luego usted se dio cuenta de que un «No» fue una buena respuesta? Explique.

Siervos fieles tienen una manera de saber cuando las oraciones han sido contestadas, y una manera de no darse por vencidos cuando no lo son.

—MAX LUCADO

14. Considere el patrón de oración de Jesús en Mateo 6:9-13.
    a. ¿Cómo empieza la oración? ¿Por qué importa esto?
    b. ¿Cuáles peticiones están centradas en Dios?
    c. ¿Cuáles peticiones están centradas en las personas?
    d. ¿De qué formas específicas puede este patrón de oración ayudarlo a orar?

La oración significa el anhelo por la simple presencia de Dios, por un entendimiento personal de su Palabra, por conocimiento de su voluntad y por una capacidad de escucharlo y obedecerlo.

—THOMAS MERTON

¿POR QUIÉN ORA USTED?

15. ¿Cuál fue el deseo de Pablo para aquellos que no conocían a Cristo? (Romanos 10:1)

    ¿Qué hizo al respecto?

16. Lea 1 Timoteo 2:1-4. ¿Por cuáles grupos de personas debería orar? ¿Por qué?

17. ¿Por qué cosas desea el Señor que usted ore? (Mateo 9:37-38)

¿Por qué cree que eso importa?

18. Lea Lucas 6:28. ¿Ha habido personas en su vida que lo han maltratado? Tómese un momento para hablar con Dios ahora acerca de ellos y de cómo les puede responder.

19. Utilizando como guía la oración de Pablo en Efesios 3:14-21, enumere algunas peticiones por las cuales usted podría orar por otros y por sí mismo.

MOMENTO DE ORACIÓN

¡SEÑOR, ORO PARA que mi intimidad contigo en los doce meses siguientes se profundice más de lo que me podría imaginar!

20. ¿Ha intentado utilizar una lista de oración para llevar la cuenta de las respuestas de Dios? Una lista puede ayudarlo a recordar cosas que de lo contrario podría olvidar. Esa lista puede incluir:

- *Su familia*
- *Sus amigos y conocidos no cristianos*
- *Su pastor e iglesia y su grupo de estudio*
- *Cristianos que conozca*
- *Aquellos que se oponen a usted*
- *Autoridades gubernamentales*
- *Sus necesidades personales*

21. Según lo que ya ha aprendido en *Diseño para el discipulado*, anote varias razones por las cuales necesita pasar tiempo diariamente con Dios, meditando en su Palabra y conversando con él en oración.

VERSÍCULO SUGERIDO PARA LA MEDITACIÓN Y MEMORIZACIÓN

Hebreos 4:6

Así que el descanso de Dios está disponible para que la gente entre, pero los primeros en oír esta buena noticia no entraron, porque desobedecieron a Dios.

Hebreos 4:6

REFLEXIONES PERSONALES

Hablar con Dios es solamente una parte de la oración. La otra parte es aprender a estar callado en su presencia para poder oír lo que le está diciendo a su corazón. Los siguientes versículos le ayudarán a aquietar su corazón. Tómese un tiempo ahora para orar. Permanezca en la presencia de Dios. Escuche y ore. Luego, anote observaciones acerca de su experiencia con él.

«¡Quédense quietos y sepan que yo soy Dios!». SALMO 46:10

SEÑOR, mi corazón no es orgulloso; mis ojos no son altivos. No me intereso en cuestiones demasiado grandes o impresionantes que no puedo asimilar. En cambio, me he calmado y aquietado, como un niño destetado que ya no llora por la leche de su madre. Sí, tal como un niño destetado es mi alma en mi interior. SALMO 131:1-2

RECUERDE ESTOS PUNTOS

- *Dios desea nuestra comunión. Por ende, Dios nos ha provisto la oración como el medio para comunicarnos directamente con él y crecer en intimidad con él.*
- *La oración nos libera del temor y la preocupación.*
- *Las Escrituras proveen numerosos patrones y ejemplos para nuestra oración.*
- *Los momentos regulares a solas con Dios —tanto el derramamiento de su corazón en oración como el escucharlo hablar a su corazón— son vitalmente necesarios para su crecimiento espiritual.*

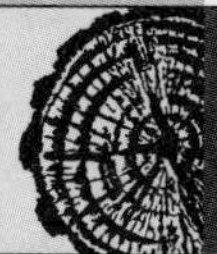

PROFUNDIZANDO

A veces vacilamos en derramar nuestros corazones ante Dios por miedo a que nuestros pensamientos y sentimientos no sean apropiados para ser expresados. Pero los autores de los Salmos no vacilaron en ser emocionalmente auténticos con Dios. Los Salmos contienen muchas oraciones apasionadas. Algunas empiezan con cantos y alabanzas. Algunas están repletas de preocupación y ruegos al comienzo del salmo, pero luego, al final, vuelven a la reflexión. Dudas y confianza se ven juntas en la medida en que el escritor procesa sus luchas con Dios.

Por ejemplo, mire el Salmo 10, 13, 69 o 142. ¿Cómo le ayuda esto a tener más libertad en la oración ante Dios?

*Los gritos y llantos, la pasión y el éxtasis, la furia y la desolación encontrados en los Salmos son tan diferentes a nuestra expresión religiosa de hoy en día que es bien difícil creer que nos fueron dados como nuestro **guía** para la oración. Parecen tan, bueno, **desesperados**.*

—JOHN ELDREDGE, *Journey of Desire* (Camino del deseo)

CAPÍTULO

8

COMUNIÓN CON SEGUIDORES DE JESÚS

Por lo tanto, yo, prisionero por servir al Señor, les suplico que lleven una vida digna del llamado que han recibido de Dios, porque en verdad han sido llamados. Sean siempre humildes y amables. Sean pacientes unos con otros y tolérense las faltas por amor. Hagan todo lo posible por mantenerse unidos en el Espíritu y enlazados mediante la paz. Pues hay un solo cuerpo y un solo Espíritu, tal como ustedes fueron llamados a una misma esperanza gloriosa para el futuro. Hay un solo Señor, una sola fe, un solo bautismo, un solo Dios y Padre de todos, quien está sobre todos, en todos y vive por medio de todos. No obstante, él nos ha dado a cada uno de nosotros un don especial mediante la generosidad de Cristo. EFESIOS 4:1-7

¿QUÉ ES LA COMUNIÓN BÍBLICA?

1. En el pasaje de la página anterior, ¿qué nos urge el apóstol Pablo que hagamos como parte de la familia de Dios?

   ¿Qué advierte que no deberíamos hacer?

   ¿Qué es lo que nos une en unanimidad?

2. Lea Romanos 12:10-13. Si viviera en una comunidad como esta, ¿qué beneficio tendría para usted? ¿Para otros?

3. «Comunión» se deriva de la palabra griega *koinonia*, la cual significa «compartir en común». Dios le ha dado mucho que compartir. Mientras examina los siguientes versículos, determine lo que puede compartir con otros y una forma práctica para compartirlo.

VERSÍCULO	QUÉ COMPARTIR	UNA FORMA DE COMPARTIR
1 Juan 4:11, 21		
Gálatas 6:2		
Gálatas 6:6		
Santiago 5:16		

4. Recuerde un incidente donde usted fue reacio a permitir que alguien compartiera algo con usted. ¿Su actitud obstaculizó el intento de la persona de compartir? Si fue así, ¿cómo sucedió?

   Compartir involucra dar y recibir, y ambas son parte integral de una comunión significativa. ¿Cuál es más fácil para usted: dar o recibir? Explique.

El amor hace que el alma salga de su escondite.

—ZORA NEALE HURSTON

5. Los cristianos tienen comunión sobre la base de que ellos son pecadores perdonados: perdonados, sí, pero todavía pecadores. Los cristianos pueden compartir honestamente sus vidas. Usted no tiene que aparentar ser algo que no es. Conociendo este hecho, ¿cuál es su responsabilidad hacia su hermano/hermana cuando lo/la ha ofendido? (Mateo 5:22-24)

¿Cuál es su responsabilidad cuando otro lo ha ofendido a usted? (Mateo 18:15, 35)

6. Imagínese la siguiente situación. Varios cristianos están en la misma sala tomando café y comiendo rosquillas mientras discuten el juego del campeonato de la semana anterior. La conversación cambia al tema «cuál animal es la mejor mascota casera». Entonces uno de ellos cuenta un chiste que oyó recientemente. Disfrutan de una buena carcajada juntos y empiezan a hablar acerca del clima y del pronóstico del tiempo para mañana. Cuando uno de ellos al irse, dice: «¡Sí que es bueno tener comunión cristiana!».

   a. ¿Es esta una auténtica comunión cristiana?

   b. ¿Por qué sí o por qué no?

   c. ¿Puede ser mejorada? ¿Cómo?

EL PROPÓSITO DE LA COMUNIÓN

7. ¿Por qué es tan importante la comunión con otros que forman parte de la familia de Dios?

   Proverbios 27:17

   Eclesiastés 4:9-10

8. ¿Cuál es el propósito de reunirse como creyentes? (Hebreos 10:24-25)

9. Al estudiar un versículo, a menudo ayuda ubicar otros versículos en otras partes de la Biblia que se relacionen directamente con el que está siendo examinado. Los otros versículos son llamados referencias cruzadas. Hebreos 3:13 es una referencia cruzada de Hebreos 10:24-25. De acuerdo con esta referencia cruzada, ¿por qué es necesario animarnos diariamente los unos a los otros?

10. Explique por qué la comunión es importante para usted. ¿Cómo se ha beneficiado al relacionarse con otros seguidores de Cristo?

EL CUERPO DE CRISTO

11. Dios usa la analogía del cuerpo para describir la relación de los creyentes unos con otros y con Cristo. ¿Quién es la cabeza del cuerpo? ¿Qué significa esto? (Colosenses 1:18)

    Acuérdese de lo que pasa cuando se golpea un dedo con un martillo. ¿Cómo afecta eso al resto del cuerpo?

12. A cada creyente le son dadas diferentes pero importantes responsabilidades en este cuerpo espiritual, la iglesia. Lea 1 Corintios 12:14-27.

    a. ¿Quién le dio al cuerpo las diferentes funciones? (Versículo 18)

    b. ¿Cuáles son algunos de los deseos de Dios? (Versículos 24-26)

    c. ¿Qué actitudes pueden conducir a una falta de armonía en el cuerpo? (Versículos 15-16, 21)

    d. ¿Alguna vez se ha sentido superior o inferior a otros en el cuerpo de Cristo porque sus funciones son diferentes que las suyas? Si es así, ¿cómo lidió con esos sentimientos? (Versículos 20-22)

13. El cuerpo trabaja como una unidad, aun así tiene muchos órganos especializados los cuales realizan diversas funciones. Resuma en unas pocas oraciones cómo ambas cosas dadas por Dios, la unidad y la diversidad, pueden proveer seguridad e interdependencia.

14. Según Efesios 4:2-3, ¿qué preservará la unidad en el cuerpo?

¿Cómo se practica ser «completamente humilde» como seguidor de Jesús?

15. Examine sus actitudes hacia otros cristianos. ¿Hay alguien con quien encuentra que es difícil relacionarse en amor como otro miembro del cuerpo de Cristo? ¿Por qué?

¿Qué pasos puede tomar para traer armonía a su relación con esa persona?

¡Qué maravilloso y agradable es cuando los hermanos conviven en armonía! SALMO 133:1

LA IGLESIA LOCAL

16. ¿Qué actividades de la iglesia en Jerusalén son mencionadas en Hechos 2:42-47?

De entre estas actividades, ¿cuáles diría usted que fueron algunas características distintivas de la iglesia primitiva?

1. Generosidad
2. Amor
3. ____
4. ____
5. ____

17. Lea Efesios 4:11-13.

a. ¿Quién debe equipar a los santos para que ellos puedan hacer el trabajo del ministerio? (Versículo 11)

b. ¿Cuáles son algunos de los objetivos finales de la comunión bíblica? (Versículos 13-16)

c. ¿Qué «obra» (versículo 12) particular está usted llevando a cabo ahora, que Dios está usando para edificar a otros en el cuerpo de Cristo?

18. Examine 1 Pedro 5:1-9. Este pasaje les da dirección a los líderes y miembros de un «rebaño». Usando la tabla siguiente, contraste las formas correctas e incorrectas de demostrar liderazgo.

VERSÍCULO	FORMA CORRECTA	FORMA INCORRECTA

¿Cuál es su responsabilidad hacia sus ancianos espirituales? (Versículo 5)

19. Medite en 1 Corintios 9:11, 14 acerca del apoyo para aquellos que son asignados para predicar y enseñar a la familia de Dios.

    a. ¿Qué instrucciones se nos dan?

    b. En este momento, ¿le está dando a Dios parte de lo que él ya le ha dado a usted?

    c. ¿Qué es lo que Dios quiere que haga para apoyar en oración y con finanzas a sus líderes espirituales?

20. En Colosenses 4:3-4, Pablo solicita oración por su ministerio.

    a. Parafrasee esa solicitud.

    b. Deténgase por un momento y use esta solicitud como base para orar por otro cristiano. Anote el nombre de esa persona aquí.

c. ¿Qué cosa puede hacer la próxima semana para animar a aquellos que lo están ayudando a caminar con Cristo?

Cada cristiano debe escoger su iglesia porque está convencido de que dentro de su estructura particular él encontrará las más grandes oportunidades para el crecimiento espiritual, las más grandes satisfacciones para sus necesidades humanas y la más grande oportunidad para ser útil y servicial con aquellos que estén a su alrededor.

—BILLY GRAHAM, *Peace with God* (Paz con Dios)

VERSÍCULOS SUGERIDOS PARA LA MEDITACIÓN Y MEMORIZACIÓN

Hebreos 10:24-25

Pensemos en maneras de motivarnos unos a otros a realizar actos de amor y buenas acciones. Y no dejemos de congregarnos, como lo hacen algunos, sino animémonos unos a otros, sobre todo ahora que el día de su regreso se acerca.

Hebreos 10:24-25

REFLEXIONES PERSONALES

Haga una pausa para pensar en dos o tres personas a quienes Dios usó para edificarlo en su caminar con Cristo. Imagínese dónde estuviera ahora mismo si no fuera por su influencia. Escriba con un espíritu de oración y agradecimiento acerca de esta provisión de gracia lograda a través de su comunión con cada uno de ellos. También escriba acerca de cómo en este momento usted está influenciando a otros para Dios, o cómo le gustaría hacerlo.

RECUERDE ESTOS PUNTOS

- *La auténtica comunión o comunidad bíblica está basada en el concepto de dar a y recibir de otros seguidores de Jesús. Puede compartir con otros cualquier cosa que Dios le haya dado: perdón, misericordia, posesiones, amor, su Palabra y muchas otras cosas.*
- *Dios da comunión con el propósito de ánimo y crecimiento mutuo.*
- *Él quiere que los cristianos vivan en unidad y armonía unos con otros. Para ayudarnos a entender cómo estamos relacionados los creyentes, Dios usa la analogía del cuerpo. Jesucristo es la cabeza del cuerpo, el cual consta de todos los creyentes. Esto proporciona seguridad e interdependencia.*
- *Todos los cristianos alrededor del mundo pertenecen al cuerpo de Cristo, pero es importante reconocer cómo Dios quiere que usted se relacione con un grupo más pequeño y específico de creyentes. Este grupo más pequeño es para el propósito de instruir, compartir, alabar y servir. Dios ha dado líderes espirituales para ayudarlo a madurar en Cristo y para llegar a ser más efectivo en el ministerio.*

PROFUNDIZANDO

En el tiempo de Pablo, uno de los asuntos con relación a la comunión entre los creyentes fue la división cultural entre judíos y griegos. En nuestro mundo de hoy existen problemas culturales o raciales que impiden que los creyentes compartan sus vidas unos con otros. ¿Qué divisiones culturales o raciales ha experimentado? ¿Cómo puede trabajar para superar estas divisiones para lograr un amor más profundo entre hermanos y hermanas?

CAPÍTULO

9

TESTIFICANDO PARA CRISTO

¿**ALGUNA VEZ HA** pensado en testificar para Cristo, no en términos de ventas o de persuadir a alguien, sino como un mediador romántico? En lo medular, testificar es el proceso y el privilegio de introducir al Esposo (Jesús) a posibles futuras esposas (los no creyentes). Al fin y al cabo, Jesús de verdad es el Amante de nuestra alma, quien corteja a su amante escogida a rendirse permanentemente ante su amor abnegado e inagotable. Si ignoramos este cortejo y forzamos una unión, podemos perder el sentido primordial de la nueva vida en y con Jesucristo.

LA OPORTUNIDAD

1. En Marcos 5:18-19, fíjese en las palabras de Jesús para un hombre que él había sanado. ¿Por qué cree que Jesús le dio estas instrucciones? (También 1 Juan 1:3)

   ¿Cómo expresaría lo que el Señor ha hecho por usted y la manera en que le ha mostrado misericordia recientemente?

Testificar es ver fijamente al Señor Jesús y luego decirles a otros lo que ha visto.

2. Examine cuidadosamente 2 Corintios 5:9-14. En esta sección, Pablo enumera varias motivaciones y razones de testificar para Cristo. Anote aquellas que descubra.

   Versículo 9

   Versículo 10

   Versículo 11

   Versículo 14

3. El Nuevo Testamento describe dos maneras de testificar para Cristo. Los apóstoles (usualmente en equipos) cruzaban barreras culturales al ir a lugares y a personas que nunca habían escuchado de Cristo. Usualmente, llegaban a una ciudad importante como extranjeros, proclamaban el evangelio con valentía, establecían una base de creyentes allí y, luego, seguían su rumbo. Lea Colosenses 4:3-4 como un ejemplo del evangelismo «móvil». ¿Qué fue lo que Pablo pidió a los colosenses que oraran por él y su equipo de evangelistas?

4. La otra manera de testificar para Cristo en el Nuevo Testamento usualmente ocurría después de que estos equipos evangelísticos se «iban del pueblo». Les confiaban a los creyentes locales a compartir el evangelio dentro de sus redes familiares, sociales y de trabajo mediante las conexiones relacionales. Lea Colosenses 4:2, 5-6. ¿Qué consejo práctico les da Pablo a los creyentes locales acerca del avance del evangelio allí mismo donde viven?

5. ¿Dónde y cómo cree que se pueden usar hoy día estas dos maneras de testificar?

   Manera móvil/apostólica:

   Manera local/residente:

> ***La gran misión de la Cristiandad, de hecho, fue realizada a través de misioneros informales que hablaban con amigos o amigas y gente que conocían por casualidad en hogares, en tiendas de vino, al ir a caminar y alrededor del mercado. Iban por todos lados chismeando el evangelio; y lo hicieron de manera natural [...] y con la convicción de quienes no fueron pagados para hacer ese tipo de cosa.***
>
> —MICHAEL GREEN, *Evangelism in the Early Church* (Evangelismo en la iglesia naciente)

6. Al leer la cita anterior acerca de la iglesia naciente, piense acerca de los propósitos amorosos de Dios. ¿De qué manera le gustaría participar en ellos?

7. La actitud de uno puede hacer toda la diferencia con respecto a testificar para Cristo. En los ejemplos siguientes, describa cómo la gente actuó y por qué actuó así.

   Las autoridades (Juan 12:42-43)

   Pablo (Romanos 1:15-16)

   ¿Cuál fue la diferencia primordial entre la actitud de Pablo y la de las autoridades?

¿CÓMO SE LLEGA A SER UN TESTIGO EFICAZ?

Testificar no es simplemente una actividad; es una forma de vida. Los seguidores de Jesús no *dan* testimonio; ellos *son* testigos, buenos o malos.

No seremos eficaces en «ir» a testificar a gente perdida a menos que primero compartamos eficazmente nuestra fe de una manera natural en el lugar donde estemos, entre aquellos que nos conocen mejor.

Mucha gente nunca lee la Biblia y tampoco asiste a la iglesia. Si quiere que ellos conozcan lo que Cristo puede hacer por ellos, déjelos ver lo que Cristo ha hecho por usted.

TESTIFICAR POR MEDIO DEL AMOR

8. Considere las cualidades del amor mencionadas en 1 Corintios 13:4-7. ¿Cuáles tres cualidades cree que más lo caracterizan a usted mientras trata de ser un testigo eficaz?

9. Lea Juan 13:34-35. Imagine que es uno de los apóstoles y Jesús acaba de terminar de hacer esta declaración. ¿Qué viene inmediatamente a su mente?

   ¿Por qué cree que Jesús dio este mandamiento?

> *Predica el evangelio en todo momento y, si es necesario, usa las palabras.*
>
> —ATRIBUIDO A SAN FRANCISCO DE ASÍS

TESTIFICAR AL VIVIR LA VIDA

10. ¿Cuáles pueden ser los resultados de sus buenas obras? (Mateo 5:16)

11. Como seguidor de Jesús, usted le está testificando a otros con la manera que vive su vida. ¿Qué cree que perciben los no creyentes acerca de Jesús con solo ver su estilo de vida?

12. ¿Qué ambición quería Pablo que tuvieran los tesalonicenses y por qué? (1 Tesalonicenses 4:11-12)

    ¿Cuáles son sus propias ambiciones y por qué?

Usted está escribiendo un evangelio, un capítulo diario, por las obras que hace y por las palabras que dice. Los hombres leen lo que usted escribe, distorsionado o verdadero. ¿Cuál es el evangelio según usted? —ANÓNIMO

TESTIFICAR POR PALABRA

13. ¿Cuál es su reacción cuando piensa en testificar para Cristo a los demás? (Marque una frase o escriba una propia).

 ___Encuentro difícil hablar de algo tan personal.

 ___No hablo a menos que alguien me pregunte.

 ___Me es fácil hablar con amigos acerca de Cristo, pero no con personas que no conozco.

 ___Me es fácil hablar con personas que no conozco, pero no con amigos cercanos.

 ___Muchas veces me encuentro hablando con personas acerca de Cristo y lo disfruto bastante.

 ¿Cómo cree que Pedro hubiera contestado esta pregunta? (Hechos 4:20)

 ¿Qué es lo que más le impide testificar verbalmente a otros?

14. ¿Qué desafío e instrucción ve en 1 Pedro 3:15?

15. En 1 Corintios 2:4-5 Pablo dio algunos fundamentos importantes sobre el testificar para Cristo. Parafrasee esos versículos.

16. El ciego a quien Jesús sanó tenía poco o casi nada de entrenamiento teológico, pero él fue capaz de relatar simple y efectivamente los hechos de su experiencia. ¿Qué dijo él? (Juan 9:25)

 Aun sin tener un entrenamiento teológico extensivo, ¿cómo puede usted compartir su experiencia con otros?

Yo no puedo, siendo bueno, contarles a los hombres de la muerte expiatoria y resurrección de Jesús, ni de mi fe en su divinidad. El énfasis es demasiado sobre mí, y muy poco sobre él.

—SAMUEL SHOEMAKER, *Extraordinary Living for Ordinary Men* (Vida extraordinaria para hombres ordinarios)

LA HISTORIA DE PABLO

17. De acuerdo con 1 Corintios 15:1-4, ¿cuál es la esencia del evangelio?

18. Lea en Hechos 26:1-29 el relato del testimonio de Pablo ante el Rey Agripa y su asamblea real, después responda las siguientes preguntas.

    a. ¿Cómo empezó Pablo su historia? (Versículos 2-3)

    b. ¿Qué caracterizó su pasado? (Versículos 4-5, 9-11) (*Blasfemar* significa hablar mal o despectivamente de Dios o de cosas sagradas).

    c. Para Pablo, ¿qué fue lo que cambió la dirección de su vida? (Versículos 12-15)

    d. ¿Cómo explicó Pablo el evangelio? (Versículo 23)

    e. ¿Qué le preguntó Pablo a Agripa? ¿Por qué es importante esta pregunta? (Versículo 27)

SU HISTORIA

Ahora que ha visto cómo Pablo contó su historia, busque alguna forma para contar la suya. Compartir cómo y por qué llegó a confiar en Cristo puede ser una de las mejores formas de testificar. Es particularmente útil para presentar a Jesucristo a sus familiares y amigos cercanos.

Al compartir la historia de su experiencia:

- *Hágala personal, no predique. Cuente lo que Cristo ha hecho por usted. Use las expresiones «yo», «mi» y «mío». No use «tú» o «usted».*
- *Hágala corta. Tres o cuatro minutos debe ser suficiente para cubrir los hechos esenciales.*
- *Mantenga a Cristo como figura central. Siempre resalte lo que él ha hecho por usted.*
- *Utilice la Palabra de Dios. Uno o dos versículos de las Escrituras añadirán poder a su historia. Recuerde que la Palabra de Dios tiene un filo bien cortante.*

CÓMO PREPARAR SU HISTORIA

Trate de escribir su historia de la misma forma que se la contaría a un no creyente. Haga la historia lo suficientemente clara para que la persona que esté escuchando sepa cómo recibir a Cristo.

Hable un poco sobre su vida antes de que confiara en Cristo; luego, acerca de cómo llegó a confiar en él; y, finalmente, algo de lo que ha significado conocerlo a él: la bendición de los pecados perdonados, la seguridad de la vida eterna y otras maneras en que su vida o su perspectiva han cambiado.

Si ha sido cristiano por muchos años, asegúrese de que su historia incluya alguna información reciente acerca del efecto continuo de tener a Cristo en su vida.

Mientras prepara su historia, pídale al Señor que le de oportunidades para compartirla. Ore por dos o tres oportunidades para compartir su historia en el vecindario, en el trabajo o en la escuela.

MI HISTORIA

Antes de que confiara en Cristo:

____

____

____

Cómo llegué a confiar en Cristo:

____

____

____

Desde que he confiado en Cristo:

____

____

____

19. En la siguiente página, haga una lista de personas (familia, amigos, vecinos, compañeros de trabajo, enemigos) que no conocen a Jesús. ¿Qué puede hacer específicamente para introducir a cada uno de ellos a Jesús mediante sus oraciones, su amor, su vida y sus palabras?

En conclusión, recuerde que usted no tiene en sí el poder para convencer a alguien de la verdad espiritual. El Espíritu Santo convence a las personas sobre su necesidad de conocer a Cristo (Juan 16:8). Cuando ore por aquellos con quienes desearía compartir su historia, asegúrese de pedirle a Dios que honre la proclamación de su Palabra, para convencer a la gente de su necesidad y para fortalecerlo a usted mientras comparte el evangelio.

NOMBRE	LA INICIATIVA SUYA

VERSÍCULOS SUGERIDOS PARA LA MEDITACIÓN Y MEMORIZACIÓN

1 Pedro 3:15-16

En cambio, adoren a Cristo como el Señor de su vida. Si alguien les pregunta acerca de la esperanza que tienen como creyentes, estén siempre preparados para dar una explicación; pero háganlo con humildad y respeto.

1 Pedro 3:15-16

REFLEXIONES PERSONALES

Lea 2 Corintios 2:14-17. Pablo compara el testificar para Cristo con la atracción de una fragancia o aroma dulce. ¿Qué fue particularmente atractivo o «fragante» de la persona (o las personas) que lo influenciaron a seguir a Cristo? Reflexione por escrito sobre eso.

Luego, pídale a Dios que le muestre qué es algo particularmente atractivo o «fragante» en su vida que pueda influenciar a otros a seguir a Cristo. También, permita que él le revele si hay algo en usted que tal vez esté alejando a la gente de Jesús. Reflexione por escrito sobre eso también. Termine su tiempo invitándole a que riegue el dulce aroma de Cristo a través de usted.

RECUERDE ESTOS PUNTOS

- *Según los principios de las Escrituras, debemos ser testigos de lo que vemos, escuchamos y experimentamos con Cristo.*
- *Somos testigos con nuestras acciones de amor, estilo de vida y lo que hablamos, a medida que oramos por los demás.*
- *El evangelio avanza de varias maneras. Unos pocos son llamados a ser evangelistas móviles que cruzan culturas con el evangelio. La mayoría de nosotros somos llamados a ser testigos de nuestra experiencia con Jesús de manera local con las personas con quienes vivimos y trabajamos.*
- *El testimonio hablado de Pablo proporciona un patrón para un testigo verbal: decir cómo era nuestra vida antes de encontrar a Cristo, decir cómo encontramos a Cristo y decir cómo ha sido nuestra vida desde que lo conocimos a él.*

PROFUNDIZANDO

Explore la fascinante historia de cómo Jesús compartió el evangelio de una manera creativa con una mujer samaritana que conoció junto a un pozo (Juan 4:8-26). Observe qué cosas hizo que le tocaron el corazón y ganaron su confianza. Luego considere los principios que usted puede sacar de esta historia para fortalecerlo al contar su propia historia.

UN ENCUENTRO CON JESÚS DE JUAN 4:8-26		
VERSÍCULOS	**LO QUE HIZO JESÚS**	**LO QUE USTED PUEDE HACER PARA COMPARTIR LAS BUENAS NOTICIAS**
3-6	Tomó la iniciativa de hacer contacto social mientras viajaba.	Pase tiempo intencionalmente con gente que todavía no conoce a Cristo mientras transita por su vida.
7-8	Estableció un interés común.	Desarrolle amistades auténticas al compartir intereses, pasatiempos o conexiones.
9-15	Se interesó e hizo preguntas.	Conózcalos; haga buenas preguntas acerca de sus vidas y sentimientos; tenga una conversación.
9-17	Se acercó con gracia a asuntos profundos (sexuales y religiosos).	Esté dispuesto a abordar asuntos profundos, pero hágalo con humildad y gracia, sin juzgar.
16-19	Honró límites apropiados.	No vaya más allá de lo que le permite su relación.
16-19	Tuvo una actitud apropiada y llena de gracia.	No condene o de la impresión de que usted tiene todas las respuestas o una vida perfecta; identifíquese con su dolor cuando pueda.
20-26	Se enfocó en sus preocupaciones, pero también regresó a sus necesidades profundas.	No se desvíe con argumentos.
26	Cerró la conversación de una manera clara.	Anímelos a tomar una decisión.

TERCERA PARTE

Caminando con Cristo

OBTENIENDO EL MÁXIMO DE SU ESTUDIO

LA BIBLIA ES un libro de vida, un cofre de tesoros de la verdad para vivir bien. El Salmo 19:7-11 nos dice que la Biblia:

- *Reaviva el alma.*
- *Hace sabio al sencillo.*
- *Trae alegría al corazón.*
- *Da buena percepción para vivir.*
- *Es más deseable que el oro.*
- *Es más dulce que la miel.*
- *Trae gran recompensa cuando la obedecemos.*

La abundante sabiduría y riqueza que Dios ha proporcionado en su Palabra está disponible para cada creyente, pero son poseídas solamente por aquellos que las buscan diligentemente. Un corazón abierto, la meditación y la oración son tres llaves que abrirán este depósito de la sabiduría de Dios a medida que estudia. Meditar en oración los versículos que encuentre en este estudio lo ayudarán a entender su significado y su aplicación para su vida.

En esta tercera parte, «Caminando con Cristo», estará estudiando cinco aspectos importantes de su vida con él:

- *Madurando en Cristo*
- *El señorío de Cristo*
- *La fe y las promesas de Dios*
- *Conociendo la voluntad de Dios*
- *Caminando como un siervo*

CAPÍTULO

10

MADURANDO EN CRISTO

EL MUNDO DE hoy en día está inundado de muchos inventos que satisfacen rápida y fácilmente las necesidades de la gente: alimentos instantáneos, comunicación instantánea, información instantánea disponible en Internet. Sin embargo, debemos recordar que no hay tal cosa como «madurez instantánea» en la experiencia de seguir a Jesús. Convertirse en un creyente da inicio a una aventura de toda la vida de conocer mejor a Dios, amarlo más y ser transformado a la imagen de Cristo.

> *No imiten las conductas ni las costumbres de este mundo, más bien dejen que Dios los transforme en personas nuevas al cambiarles la manera de pensar. Entonces aprenderán a conocer la voluntad de Dios para ustedes, la cual es buena, agradable y perfecta.* ROMANOS 12:2

SU PUNTO DE PARTIDA

1. Lea Colosenses 2:6-7. ¿Cómo empezó su vida en Cristo?

   ¿Cómo debería seguir creciendo?

2. Considere Romanos 5:1-5. Debido a su justificación por la fe en Cristo, ¿qué beneficios prácticos puede experimentar?

   ¿Por qué esto le puede dar esperanza?

3. Lea Efesios 1:1-14 y enumere varias cosas que tiene como resultado de estar en Cristo.

4. Tomó su primer paso hacia la madurez espiritual cuando puso su fe en Cristo. Enumere aquí los puntos importantes del mensaje del evangelio que escuchó, e incluya referencias de las Escrituras para cada punto.

AVANZANDO HACIA LA MADUREZ

5. Lea Efesios 4:11-16.
   a. ¿Cuál es el deseo de Dios para usted? (Versículos 13, 15)

   b. ¿Cuáles son algunas características de los cristianos inmaduros («niños» o «bebés»)? (Versículo 14)

   c. Según este pasaje, ¿qué caracteriza a una persona espiritualmente madura?

d. ¿Qué rol pueden jugar otros en nuestro madurar? (Vea también Hebreos 3:13 y Efesios 5:19-21)

6. Contraste la vieja naturaleza del hombre con la nueva naturaleza cristiana. (Efesios 4:22-24)

VIEJA NATURALEZA	NUEVA NATURALEZA

7. Considere 2 Corintios 3:18.

a. ¿A la imagen de quién está siendo cambiado?

b. ¿Quién está produciendo ese cambio?

c. ¿Uno cambia completamente y de una sola vez? Explique.

8. ¿Qué le dicen los siguientes versículos de Romanos acerca de su relación con Cristo?

   a. ¿Qué es lo que ya ha sucedido con usted? (5:8-9)

   b. ¿Qué debería estar haciendo ahora? (6:19)

   c. ¿Qué puede esperar en el futuro? (8:16-18)

TRES ASPECTOS DE LA SALVACIÓN EN CRISTO QUE SON MUY ÚTILES PARA COMPRENDER EL PLAN DE DIOS PARA LOS CREYENTES:

Justificación	*Tiempo pasado.* Yo he sido salvado... de la penalidad del pecado.	Mi posición está en Cristo.
Santificación	*Tiempo presente.* Yo estoy siendo salvado... del poder del pecado.	Mi condición es llegar a ser como Cristo.
Glorificación	*Tiempo futuro.* Yo seré salvado... de la presencia del pecado.	Mi expectativa es ser como Cristo.

¿Cómo puede darle esperanza pensar en el pasado, presente y futuro de su salvación?

9. Piense cuidadosamente en Colosenses 3:2-4. ¿Cómo se relacionan estos versículos con la tabla anterior?

EL PROCESO DE CRECIMIENTO

10. Hay muchas similitudes entre la vida física y la vida espiritual. De las referencias siguientes, ¿qué puede aprender acerca de estas similitudes?

    1 Tesalonicenses 2:11

    1 Timoteo 4:8

1 Pedro 2:2-3

De su experiencia u observación, ¿qué otra semejanza entre el crecimiento físico y espiritual conoce usted?

11. Medite sobre Romanos 6:11-13.

    a. ¿Qué debería considerar como una verdad acerca de sí mismo? (Versículo 11)

    b. ¿Cuál debería ser su relación actual con el pecado? (Versículo 12)

    c. ¿Qué es lo que no debería permitir? (Versículo 13)

    d. ¿Qué acción debería tomar? (Versículo 13)

    e. ¿Cómo explicaría la verdad en Romanos 6:5-6 con sus propias palabras?

12. Dios tiene la intención de que usted reine en su vida (Romanos 5:17), no que el pecado reine en ella (Romanos 6:12). ¿Qué aplicación le sugieren estos versículos para su vida?

13. Pablo declaró que los cristianos son salvados por medio de la fe (Efesios 2:8-9), pero su relación con Dios no termina allí.

    a. Según Efesios 2:10, ¿qué es usted?

    b. ¿Para qué obra lo creó Dios?

    c. ¿Qué está haciendo Dios ahora? (Filipenses 1:6)

d. ¿En qué área en particular de su vida siente que Dios ha estado trabajando recientemente?

¿Qué significaría —me pregunto a mí mismo— si yo también llegara al lugar donde mirara mi identidad primordial como «aquel a quien Jesús ama»? ¿Qué tan diferente me vería a mí mismo al final del día?

—PHILIP YANCEY, *What's So Amazing About Grace?* (¿Qué hay de asombroso en cuanto a la gracia?)

MOMENTO DE ORACIÓN

NUESTRA PERSONA EXTERIOR es simplemente el marco de Dios. La imagen real es la persona interior, la cual Dios, el Artista, todavía está creando. Mientras reflexiona sobre su vida, sea agradecido por todo lo que Dios está haciendo en usted. Los conflictos en su vida deberían animarlo porque indican que Dios todavía está trabajando en usted, cambiándolo para ser como Cristo. Tome un momento para expresarle su gratitud a Dios por lo que ha hecho, está haciendo y hará por usted.

CÓMO VIVIR

14. Use 1 Juan 1:6-10 y contraste a aquellos que caminan en comunión con Dios con aquellos que no.

PERSONAS QUE ESTÁN EN COMUNIÓN CON DIOS	PERSONAS QUE NO ESTÁN EN COMUNIÓN CON DIOS

15. Lea Hebreos 5:13-14.

    a. ¿Cuál es la característica de un creyente maduro?

    b. ¿De qué maneras encuentra lo bueno y lo malo en su vida diaria?

    c. Cuando encuentra lo malo, ¿usualmente desea que triunfe el juicio o la misericordia? (Santiago 2:12-13)

Los cristianos maduros que he conocido en mi caminar son aquellos que han fallado y han aprendido a vivir con su fracaso, pero llenos de gracia. La fidelidad requiere el valor para arriesgarlo todo por Jesús, la disposición para seguir creciendo y la preparación para arriesgar el fracaso en el transcurso de nuestras vidas.

—BRENNAN MANNING, *Reflections for Ragamuffins* (Reflexiones para vagabundos)

16. ¿Qué actitud debe poseer un seguidor de Jesús maduro? (Filipenses 3:13-15)

17. Lea 1 Corintios 15:58. Mientras esperan la eternidad con Cristo, ¿qué deberían estar haciendo los creyentes?

    ¿Qué garantía de este versículo puede motivarlo a hacer esto?

18. ¿Cuáles son algunas áreas en las cuales puede experimentar crecimiento espiritual?

    1 Timoteo 4:12

    2 Pedro 3:18

    1 Juan 4:16-17

19. Hacia el final de su vida, Pablo le escribió una carta a Timoteo, su hijo en la fe. Lea 2 Timoteo 4:7-8. ¿Qué declaración fue capaz de hacer Pablo acerca de su caminar con Cristo aquí en la tierra?

¿Qué esperaba él con expectativa en el futuro?

VERSÍCULO SUGERIDO PARA LA MEDITACIÓN Y MEMORIZACIÓN

Colosenses 2:7

Arráiguense profundamente en él y edifiquen toda la vida sobre él. Entonces la fe de ustedes se fortalecerá en la verdad que se les enseñó, y rebosarán de gratitud.

Colosenses 2:7

REFLEXIONES PERSONALES

¿De qué maneras ha madurado en Cristo en los últimos seis meses?

RECUERDE ESTOS PUNTOS

- *Dios tiene la intención de que los seguidores de Jesús maduren y lleguen a ser como Cristo. Dios ha salvado a sus hijos del castigo del pecado. Mientras están en la tierra, luchan con el pecado, pero pueden anticipar un futuro sin pecado, con Cristo, como seres glorificados.*
- *La fe en Jesucristo marca el comienzo del crecimiento espiritual. Los creyentes tienen disponibles los recursos de Dios para ayudarlos a crecer.*
- *El crecimiento espiritual es similar al crecimiento físico. Toma tiempo mientras Dios trabaja en la vida del creyente. Los cristianos deben reinar en la vida, y reconocer que Dios está cumpliendo el trabajo que él comenzó en ellos.*
- *Crecer en Cristo es similar a caminar. Guiados por el Espíritu, los seguidores de Jesús deben caminar en fe, en amor y en comunión con Cristo.*
- *Un cristiano maduro es alguien que continúa siguiendo a Cristo, sirviendo fielmente a Cristo y experimentando su gracia y amor. Dios no olvida el trabajo del creyente, y un día lo recompensará.*

PROFUNDIZANDO

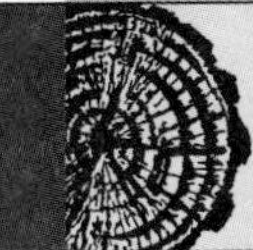

Haga una lista de varios creyentes que usted conoce personalmente y que ve como espiritualmente maduros. Llame, mande un correo electrónico o visite a una de estas personas. Hágale estas preguntas y escriba sus respuestas en los siguientes espacios:

¿Qué ha usado Dios para madurarlo?

¿Qué ha aprendido en su camino hacia la madurez espiritual?

¿Otras preguntas?

CAPÍTULO

11

EL SEÑORÍO DE CRISTO

JESUCRISTO ES SALVADOR y Señor, no solo el Señor de sus seguidores, sino también el Señor de todo señor. Actualmente, no toda la gente lo reconoce como su Señor, pero eso no altera el hecho de su señorío. Algún día en la eternidad, todos reconocerán a Cristo como Señor. Hasta entonces, cualquiera que esté dispuesto a confiar totalmente en él tiene el privilegio de estar bajo la influencia de Cristo y obedecer su señorío. Cristo se convierte en el Señor de nuestra vida primero por una decisión tomada con base en la confianza y luego por la práctica diaria de una obediencia voluntaria. Bajo el liderazgo de Jesús, podemos tener completa confianza en su protección amorosa.

EL SEÑOR JESUCRISTO

1. Los títulos revelan información importante acerca de la persona a quien se refieren. ¿Cuáles son los títulos de Jesucristo en los siguientes versículos?

   Juan 13:13 ______

   Hechos 2:36 ______

   Apocalipsis 19:16 ______

   Resuma lo que estos títulos revelan de Jesucristo.

2. ¿Jesucristo es Señor de qué y de quiénes? (Conecte las siguientes respuestas con las referencias correspondientes)

La creación	Colosenses 1:16-17
Los vivos y los muertos	Colosenses 1:18
Todos los cristianos: la iglesia	Romanos 14:9

3. Escriba su propia definición de la palabra *Señor* como usted siente que se aplica a Jesucristo. (Un diccionario puede ayudarlo aquí).

4. Lea Filipenses 2:9-11.

   a. ¿Cómo ha exaltado Dios a Jesucristo?

   b. ¿De qué manera lo exaltará cada persona?

5. En Apocalipsis 5:11-12, ¿cómo reconocen los ángeles el señorío de Cristo?

6. Lea 1 Corintios 6:19-20.

   a. ¿Cómo llegó usted a ser posesión de Dios?

b. Debido a esto, ¿qué debería hacer?

c. ¿Qué siente usted al ser posesión de Dios?

RECONOZCA SU SEÑORÍO POR DECISIÓN

El lugar que Cristo ocupa en nuestros corazones debe ser el mismo que ocupa en el universo.

7. ¿Qué lugar debe ocupar Cristo en la vida del creyente? (Colosenses 1:18)

   ¿Cómo se vería si Cristo ocupara el mismo lugar en su corazón que el que tiene en el universo?

8. ¿Qué se nos manda a hacer en Romanos 12:1?

   ¿Por qué deberíamos hacerlo?

9. De las siguientes oraciones, marque cualquiera que usaría para completar esta frase: Yo generalmente pienso o siento que...

   ___ Jesús realmente no entiende mis problemas.
   ___ Puede ser que él quiera que yo haga algo que no puedo hacer.
   ___ Puede ser que él quiera que yo empiece una carrera que no podré disfrutar.
   ___ Ya me ha decepcionado.
   ___ Él va a impedir que yo me case.
   ___ Él evitará que disfrute de mis posesiones, pasatiempos o amigos.
   ___ Él me puede ayudar con las cosas grandes, pero no se preocupa por las cosas pequeñas.

   ¿Qué otros temores o emociones han impedido que le dé acceso a Cristo en cada área de su vida?

¿Cómo disipa esos temores la revelación del corazón de Dios en Jeremías 29:11?

10. Considere esta cita que compara el señorío con un pacto matrimonial. ¿Qué similitudes ve entre una novia entregándose al novio con una confianza amorosa para toda la vida y los creyentes entregándose a Cristo con una confianza amorosa para toda la vida, en las buenas y en las malas?

> *Reconocer su señorío involucra una clara y definida acción de la voluntad, siendo que él ha de ser el Señor de todo. En el altar del matrimonio, al decir la novia «sí, acepto» idealmente entrona en sus afectos por siempre a su novio. En los años posteriores, ella vive al detalle todo lo que estaba implícito en ese acto momentáneo de la voluntad. De manera similar, entronar a Cristo puede ser el resultado de un acto similar de la voluntad, pues la misma decisión que entrona a Cristo automáticamente destrona al yo.*
>
> —J. OSWALD SANDERS*

a. Si es así, ¿qué lo emociona de rendirse a Cristo de esa manera?

b. ¿Qué, si hubiera algo, lo asusta de ese tipo de rendimiento absoluto al señorío de Cristo?

11. Considere las siguientes preguntas y marque el cuadro apropiado.

	YO	JESÚS
¿Quién sabe perfectamente lo que es mejor para mi vida?	☐	☐
¿Quién es el más capaz de hacer lo que es mejor para mi vida?	☐	☐
¿Quién desea en todo momento lo que es verdaderamente mejor para mi vida?	☐	☐

Aun cuando sabemos cuán bueno es Dios, ¿por qué cree que cuesta tanto rendirle el control de nuestra vida?

* J. Oswald Sanders, *The Pursuit of the Holy* [La búsqueda de lo santo] (Grand Rapids, MI: Zondervan, 1972), 65.

12. ¿Qué nos ha dado Dios para ayudarnos a confiar en Cristo y obedecerlo como nuestro Señor? (2 Pedro 1:3-4)

MOMENTO DE ORACIÓN

TOME UN MOMENTO para orar acerca del lugar que Jesús tiene en su corazón. Dígale cómo se siente acerca de entregarse completamente a su autoridad y confiar en su señorío sobre cada aspecto de su vida. Admita cualquier temor que tenga y permita que también escuche su compromiso.

RECONOZCA SU SEÑORÍO EN LA PRÁCTICA

Las buenas intenciones no garantizan buenos resultados. Un buen comienzo no asegura un buen final. La decisión es solamente el comienzo. Una vez que ha decidido reconocer el señorío de Cristo en su vida, demostrará que él es el Señor sometiéndose a él hora a hora y obedeciéndolo en los asuntos diarios de la vida. Algunas de estas áreas están representadas en la siguiente ilustración:

13. Tome unos momentos para evaluar su rendición al señorío de Jesucristo en cada una de estas áreas. Una buena forma para determinar si Cristo está en control es preguntarse: «¿Estoy dispuesto a hacer cualquier cosa que Cristo desea en esta área?» o «¿Seré capaz de agradecerle a Dios por cualquier cosa que suceda en esta área?».

    a. ¿Hay algunas áreas en la ilustración que no está permitiendo que Cristo controle? ¿Cuáles?

    b. ¿Hay otras áreas que no están en la ilustración que usted no está permitiendo que Cristo controle? Explique cuáles son y por qué vacila en confiar en la autoridad de Jesús en esas áreas.

    c. ¿Qué puede hacer en estas áreas para reconocer el señorío de Cristo?

EVALUACIÓN DE LA REALIDAD

No debemos estar preocupados por lo que podríamos hacer para el Señor si solamente tuviéramos más dinero, tiempo o educación. En vez de eso, debemos decidir qué haremos con las cosas que tenemos en este momento. Lo que en verdad importa no es quién o qué somos, lo que importa es si Cristo nos controla.

14. Cada vez que asuma el control de su vida, pronto llegará a estar infeliz y ansioso. ¿Qué dijo Pedro que puede hacer? (1 Pedro 5:6-7)

15. ¿Qué puede suceder si no entrega las cargas y las preocupaciones a Jesús? (Marcos 4:18-19)

    ¿Cómo cree que sucede esto?

16. En Lucas 9:23, ¿cuáles son las tres cosas que un seguidor de Jesús es llamado a hacer? (Escríbalas con sus propias palabras).

17. Según Lucas 6:46, ¿cuál es una buena manera de evaluar si Cristo es de verdad el Señor de su vida?

18. Lea Lucas 18:28-30.

    a. ¿Qué habían hecho los apóstoles?

    b. ¿Qué les prometió Jesús a aquellos que lo siguen como su Señor?

    c. Describa un tiempo o una situación en particular donde usted obedeció este mandamiento. ¿Cuál fue el efecto en usted y en los demás?

19. ¿Cómo ejerce Cristo su protección y señorío amoroso sobre sus seguidores? (Efesios 5:24-27)

20. En lo personal, ¿qué significa para usted el señorío de Cristo?

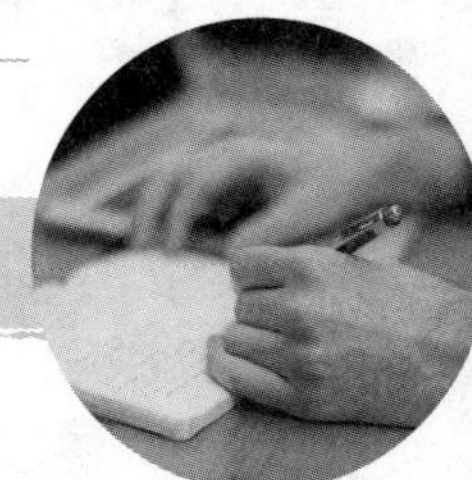

VERSÍCULO SUGERIDO PARA LA MEDITACIÓN Y MEMORIZACIÓN

Colosenses 1:16

Porque, por medio de él, Dios creó todo lo que existe en los lugares celestiales y en la tierra. Hizo las cosas que podemos ver y las que no podemos ver, tales como tronos, reinos, gobernantes y autoridades del mundo invisible. Todo fue creado por medio de él y para él.

Colosenses 1:16

REFLEXIONES PERSONALES

Se requiere humildad verdadera para admitir que Jesús tiene planes para su vida aún mejores que los suyos. Se requiere una confianza profunda para darle a él las riendas de su vida e invitarlo a vivir a través de usted. Considere la siguiente cita. Reflexione por escrito acerca de dónde está en este momento en relación con su disposición a seguirlo como su Señor.

> *Es al Señor Jesús a quien usted se abandona. Es también al Señor a quien usted va a seguir como el Camino; es este Señor a quien va a escuchar como la Verdad, y es de este mismo Señor de quien va a recibir Vida (Juan 14:6). Si usted sigue al Señor Jesucristo como el Camino, lo escuchará como la Verdad, y él mismo le traerá vida como la Vida.*
>
> —JEANNE GUYON

RECUERDE ESTOS PUNTOS

- *En las Escrituras se declara que Cristo es el Señor. Él es digno de ser el Señor por ser quien es y por lo que ha hecho.*
- *Porque Jesucristo es el Señor, la responsabilidad del creyente es reconocer su autoridad cada día en todas las áreas de su vida.*
- *Varias áreas de la vida de un creyente pueden no estar sujetas al control de Cristo. El seguidor de Jesús debe someter estas áreas a Cristo y seguir reconociendo que el control de su vida por parte de Cristo es para su propio bienestar y gozo.*

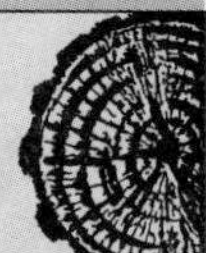

PROFUNDIZANDO

Medite en cada versículo de Colosenses 1:13-22. En la siguiente tabla, resuma con sus propias palabras lo que cada versículo dice que es la verdad acerca del Señor Jesús o acerca de usted como su seguidor.

VERSÍCULO	VERDAD ACERCA DEL SEÑOR JESÚS	VERDAD ACERCA DE MÍ
13		
14		
15		
16		
17		
18		
19		
20		
21		
22		

¿De qué manera afectan estas verdades y garantías de la Palabra de Dios su disposición a rendirse gozosamente al señorío de él sobre su vida?

CAPÍTULO

12

LA FE Y LAS PROMESAS DE DIOS

UN GRUPO DE personas le preguntó una vez a Jesús cómo podrían hacer la obra de Dios. Jesús les contestó: «La única obra que Dios quiere que hagan es que crean en quien él ha enviado» (Juan 6:29). Dios desea de nosotros creencia y fe, porque «sin fe es imposible agradar a Dios» (Hebreos 11:6).

Pero, a menudo, nuestra fe no es más que un deseo: «Yo espero que todo salga bien. Tengo "fe" de que así será». El concepto bíblico de fe supera por mucho este enfoque superficial. La fe bíblica dice «Señor, ¡yo confío en ti!».

CAMINAR POR FE

1. ¿Qué parte juega nuestra fe al comienzo de nuestro caminar con Dios? (Efesios 2:8-9)

   ¿Cómo debe vivir una vez que ha recibido a Cristo por fe? (Colosenses 2:6)

2. ¿Cómo definiría la fe según los siguientes versículos?

   Hechos 27:25

   Romanos 4:20-21

   Hebreos 11:1

> ***La fe es la convicción de que lo que Dios ha dicho en su Palabra es verdad, y que Dios actuará según lo que ha dicho en su palabra. [...] La fe no es una cuestión de impresiones, ni de probabilidades ni de apariencias.***
>
> —GEORGE MULLER, CITADO EN *GEORGE MULLER: MAN OF FAITH AND MIRACLES* (GEORGE MULLER: HOMBRE DE FE Y MILAGROS)

3. ¿Qué es lo que la fe hace posible? Coloque la letra correspondiente en el espacio en blanco.

___ Esperanza, alegría y paz	a. Mateo 21:22
___ Oración contestada	b. Santiago 2:23
___ Poder sobre Satanás	c. Efesios 3:12
___ Acceso a Dios	d. Efesios 6:16
___ Intimidad con Dios	e. Romanos 15:13

La fe verdadera va desde una creencia en lo que es verdad *acerca* de Dios a una intimidad confiada *con* Dios.

4. Declare con sus propias palabras el principio establecido en 2 Corintios 5:7. Luego dé un ejemplo de cómo puede aplicar esta verdad en su vida diaria.

5. ¿Qué pecado puede privarlo de ver la labor de Dios? (Mateo 13:58)

Lo opuesto de la fe no es la duda; es la incredulidad. La duda solo necesita más hechos. La incredulidad es desobediencia y se niega a actuar de acuerdo con lo que Dios ha declarado.

—ADAPTACIÓN DEL REVERENDO CHARLES G. FINNEY, *Systematic Theology* (Teología sistemática)

6. Lea la historia de Tomás y su lucha con la duda, en Juan 20:24-29. ¿Cómo respondió Jesús a sus dudas?

   ¿Cómo espera que Jesús le responda en sus momentos de duda?

La fe en Dios es una relación que involucra todo lo que es usted y todo lo que está a su alrededor. La fe es un encuentro vivido, una relación de la verdad con lo divino.

—LEONARD SWEET, *Out of the Question... Into the Mystery: Getting Lost in the GodLife Relationship* (Salir de la pregunta... y entrar al misterio: perderse en la relación de la vida con Dios)

OBJETOS DE FE

7. ¿Cuáles son algunas de las cosas y personas indignas en las que la gente pone su fe?

   Salmo 33:16-17

   Salmo 146:3

   Proverbios 3:5

   Proverbios 28:26

   Jeremías 9:23-24

   Coloque una marca en las que probablemente depende más. ¿Cuál cree que es el resultado inevitable de poner nuestra fe en estas personas u objetos?

8. ¿Quién debería ser el objeto de su fe? (Marcos 11:22)

9. Su confianza y fe en Dios están construidas sobre su conocimiento de quién y cómo es Dios. ¿Qué versículos acerca de la naturaleza y personalidad de Dios han sido importantes para usted?

VERSÍCULO	¿QUÉ ME DEMUESTRA ESTO DE DIOS?

EJEMPLOS DE FE

10. Hebreos 11 es un capítulo clave sobre la fe. Lea todo el capítulo y tome nota de las cosas hechas por la fe.

   a. De las cosas hechas por la fe, ¿cuál considera que es la más importante? ¿Por qué?

   b. ¿De qué maneras cree que Dios profundizó la fe de las personas mencionadas en Hebreos 11? (Ponga atención a los versículos 9, 17, 25, 34, 37-38)

   c. Muchas de las personas en Hebreos 11 esperaron años, o toda una vida, antes de ver que Dios cumpliera su promesa. ¿Qué le pasa a su fe cuando Dios le pide que espere?

Dios se deleita en incrementar la fe de sus hijos. [...] Digo, y lo digo deliberadamente, que los problemas, obstáculos, dificultades y a veces las derrotas, son el alimento mismo de la fe.

—MILES J. STANFORD, *Principios de crecimiento espiritual*

LAS PROMESAS DE DIOS

11. Piense sobre una situación específica cuando alguien le prometió algo.

    a. ¿Cómo evaluó si esa persona mantendría o no su promesa?

    b. ¿La cumplió?

    c. ¿Cómo afecta esto su actitud hacia las promesas de él o ella en el futuro?

12. Dios también le hace ciertas promesas a usted. ¿Qué dicen las Escrituras acerca de las palabras de Dios?

    1 Reyes 8:56

    Salmo 89:34

    Isaías 55:11

    2 Pedro 1:4

13. ¿Por qué cree que las promesas de Dios son confiables?

PROMESAS PARA RECLAMAR

14. Llene la siguiente tabla.

VERSÍCULOS	PROMESA	CONDICIÓN
Juan 15:7		
Lamentaciones 3:22-26		
Romanos 8:28		

15. ¿Por qué cree que Dios pone condiciones en algunas promesas?

16. ¿Cuál es la actitud de Dios en cuanto a cumplir sus promesas para usted? (2 Corintios 1:20)

17. Lea Hebreos 6:12, 16-19.

    a. ¿Cuál debería ser su actitud al reclamar las promesas de Dios? (Versículo 12)

    b. ¿Por qué la gente se hace promesas o juramentos unas a otras? (Versículo 16)

    c. ¿Por qué Dios le hizo promesas a sus hijos e hijas? (Versículos 17-19)

Es útil y alentador anotar las promesas de Dios. Quizás quiera hacer una lista de estas promesas, sus condiciones y sus resultados. Las promesas de Dios a menudo forman una «cadena», como en los ejemplos que siguen.

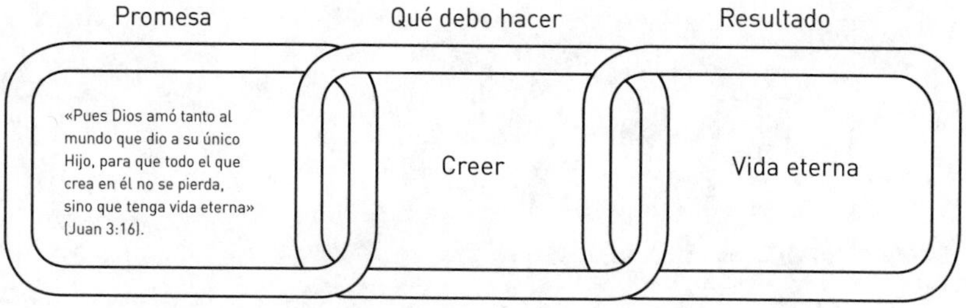

Promesa	Qué debo hacer	Resultado
«Pues Dios amó tanto al mundo que dio a su único Hijo, para que todo el que crea en él no se pierda, sino que tenga vida eterna» (Juan 3:16).	Creer	Vida eterna

Promesa	Qué debo hacer	Resultado
«En cambio, los que confían en el Señor encontrarán nuevas fuerzas; volarán alto, como con alas de águila. Correrán y no se cansarán; caminarán y no desmayarán» (Isaiah 40:31).	Esperar	Fuerza renovada

18. Descubra como utilizó Josafat las promesas de Dios. Lea 2 Crónicas 20:1-30.

    a. ¿Qué fue lo primero que hizo Josafat? (Versículos 3, 6-12)

    b. ¿Cómo le respondió Dios? (Versículo 15)

    c. ¿Fue esto una promesa?

d. ¿Cuál fue la siguiente respuesta de Josafat? (Versículo 18)

e. ¿Qué evidencia hay de que Josafat creyó en la promesa de Dios?

f. ¿Cómo animó él a los otros? (Versículo 20)

g. ¿Cuál fue el resultado? (Versículos 22, 27)

19. ¿Cuál ha sido una promesa que ha descubierto en su lectura de la Biblia?

Específicamente, ¿cómo lo ha ayudado esta promesa?

VERSÍCULO SUGERIDO PARA LA MEDITACIÓN Y MEMORIZACIÓN

Hebreos 11:6

De hecho, sin fe es imposible agradar a Dios. Todo el que desee acercarse a Dios debe creer que él existe y que él recompensa a los que lo buscan con sinceridad.

Hebreos 11:6

REFLEXIONES PERSONALES

¿Ha visto que Dios cumple las promesas que le ha hecho?

¿Qué le ha prometido usted a Dios?

¿Usted es confiable para él?

RECUERDE ESTOS PUNTOS

- *La fe está basada en el hecho de que Dios es digno de confianza para cumplir su palabra y cumplir cada una de sus promesas.*
- *La gente puede confiar su vida a un sinnúmero de cosas que en última instancia fallarán. El único objeto digno de fe es Dios.*
- *Las palabras de Dios nunca fallan. Dios hace lo que dice que va a hacer porque él es fiel a su palabra.*
- *Los creyentes deben reclamar las promesas de Dios, porque él desea responder a nuestra fe.*

PROFUNDIZANDO

Dios hizo algo grande al restaurar al pueblo de Israel durante el tiempo de Nehemías. Esto produjo una gran expresión de fe entre los Levitas y otros líderes, como está escrito en Nehemías 9.

A través de los ojos de la fe, ellos señalaron algunas cosas maravillosas de Dios, el objeto de su fe. En los primeros veinte versículos, la gente alabó a Dios por ser:

- *Glorioso (versículo 5)*
- *Único, exclusivo (versículo 6)*
- *Creador, creó algo de la nada (versículo 6)*
- *Dador de vida (versículo 6)*
- *Digno de adoración (versículo 6)*
- *Soberano, en control (versículo 7)*
- *El que da un nuevo nombre (versículo 7)*
- *El que es fiel a sus promesas (versículo 8)*
- *Apercibido del dolor (versículo 9)*
- *Obrador de milagros, capaz de cambiar cualquier cosa (versículo 10)*
- *Libertador (versículo 11)*
- *Ayudador y líder (versículo 12)*
- *Justo y bueno como dador de leyes (versículo13)*
- *Proveedor (versículo 15)*
- *Perdonador, bondadoso y misericordioso (versículo 17)*
- *Guía fiel (versículo 19)*
- *El que nunca abandona (versículo 19)*
- *Maestro (versículo 20)*

Medite en Nehemías 9:21-27. Añada otras palabras o frases que describan a Dios.

MOMENTO DE ORACIÓN

USE ESTA LISTA para guiar un momento de alabanza y adoración a Dios. Agradézcale por todas las razones que tiene para confiar en él completamente.

CAPÍTULO

13

CONOCIENDO LA VOLUNTAD DE DIOS

ALGUNAS VECES PUEDE parecer que la voluntad de Dios está escondida detrás de una puerta cerrada y con candado. Pero ¿es esto verdad? ¿Está Dios manteniendo sus planes ocultos como un secreto escondido? ¿O permitirá que usted lo siga, guiándolo paso a paso?

Proverbios 3:5-6 anima diciendo:

Confía en el SEÑOR con todo tu corazón;
no dependas de tu propio entendimiento.

Busca su voluntad en todo lo que hagas,
y él te mostrará cuál camino tomar.

La clave para conocer la voluntad de Dios es comprender qué siente el corazón de Dios por usted y desarrollar una buena relación con él.

> *La voluntad de Dios no es como un paquete mágico que baja del cielo por una cuerda. [...] La voluntad de Dios es mucho más como un rollo que se desenrolla cada día. [...] La voluntad de Dios es para ser discernida y vivida cada día de nuestras vidas. No es algo que se agarra como un paquete de una vez por todas. Por lo tanto, nuestro llamado no es básicamente para seguir un plan o un plano, o ir a un lugar o emprender una obra, sino seguir al Señor Jesucristo.*
>
> —PAUL LITTLE, *Affirming the Will of God* (Afirmando la voluntad de Dios)

LA VOLUNTAD DE DIOS YA REVELADA

1. ¿Cuál debería ser uno de sus deseos como seguidor de Cristo? (Efesios 5:17)

2. ¿Qué le promete Dios en cuanto a la voluntad de él para su vida, y qué revela esto de lo que el corazón de Dios siente hacia usted? (Salmo 32:8)

3. En los siguientes versículos, ¿qué revela Dios sobre su voluntad para usted?

   1 Tesalonicenses 4:3 (Santificado significa «puesto aparte para propósitos santos»).

   1 Tesalonicenses 5:18

4. En el Salmo 40:8, ¿cuál fue la actitud del salmista hacia la voluntad de Dios?

   ¿Qué acciones ayudan a producir esta actitud? (Vea también Salmo 40:10)

5. ¿Quién es su fuente de fortaleza para hacer la voluntad de Dios?

   Juan 15:5

   Filipenses 2:13

Frecuentemente enfrentamos decisiones sobre temas para los cuales las Escrituras no proveen instrucciones específicas. En esos casos, un seguidor de Jesús debe aplicar los principios para la toma de decisiones que se hallan en las Escrituras.

PRINCIPIOS PARA LA TOMA DE DECISIONES

Las personas han probado muchos métodos para determinar qué es lo que Dios quiere que hagan.

- *Lana de oveja (pedirle a Dios una señal sobrenatural)*
- *Ayuno (renunciar a la comida para buscar a Dios)*
- *Lanzar una moneda (dejando todo al azar)*
- *Sentimientos (obedecer solo sus sentimientos)*

- *Indecisión (buscar respuestas por todos lados)*
- *Soltar el timón (dejar que los eventos decidan por uno)*
- *Sueños (pedir por una visión o una voz)*
- *Sentarse (procrastinar)*
- *Deslizarse (tomar el camino de menos resistencia)*
- *Pensar (usar la lógica a pesar de los sentimientos)*[*]

6. ¿Cuál de estos métodos, si alguna, ha probado usted? ¿Cuál fue el resultado?

OBJETIVOS TOMADOS DE LAS ESCRITURAS

Dios ha dado mandamientos particulares que pueden ayudarlo a tomar decisiones respecto a sus actividades. Si una vía particular de acción es inconsistente con la Biblia, entonces sabrá que no es la voluntad de Dios para usted.

7. Utilice los siguientes versículos para expresar con sus propias palabras algunos de los objetivos de Dios para usted.

   Mateo 6:33

   Mateo 22:37-39

   2 Corintios 5:20

   1 Pedro 1:15

   2 Pedro 3:18

Hágase las siguientes preguntas basándose en los versículos anteriores y otros similares para determinar su curso de acción:

- *¿Estoy poniendo los deseos de Dios por encima de los míos?*
- *¿Me ayudará a amar más a Dios y a otros?*
- *¿Me ayudará a cumplir la Gran Comisión?*
- *¿Me ayudará a llevar una vida más santa y compasiva?*
- *¿Aumentará mi intimidad y mi adoración a Dios?*

Contestar estas preguntas honestamente lo ayudará a tomar una decisión de acuerdo con la Palabra de Dios.

* *How Can I Know What God Wants Me to Do?* [¿Cómo puedo saber qué es lo que Dios quiere que haga?] Radio Bible Class Publication (Grand Rapids, MI, 1987), 3.

8. Basándose en los siguientes versículos, elabore preguntas que lo puedan ayudar a discernir la voluntad de Dios.

   1 Corintios 6:12 ______________________________

   ____

   1 Corintios 6:19-20 ______________________________

   ____

   1 Corintios 8:9 ______________________________

   ____

   1 Corintios 10:31 ______________________________

   ____

   Gálatas 6:7-8 ______________________________

   ____

Seguir a Jesús es más como un camino que una cuerda floja. Tenemos que seguir las maneras de Jesús —amor, humildad, honrar al Padre— y a través de la oración escucharlo para su guía específica. A veces Dios se mantiene callado: como un Padre, él quiere que crezcamos tomando decisiones. A veces Dios es muy directo: nos guía a través de su Palabra con la ayuda del Espíritu Santo. De esta manera, llegaremos a ser personas sometidas y de voluntad firme que honran y aman a Dios y sirven a otros con humildad.

OBEDIENCIA A DIOS

Si usted rehúsa obedecer a Dios en lo que ya le ha mostrado, ¿por qué debería darle dirección adicional? La obediencia a la voluntad conocida de Dios es importante para poder recibir orientación adicional.

9. ¿Cómo obtiene usted entendimiento de la voluntad de Dios?

   Salmo 37:31 ______________________________

   ____

   Salmo 119:105, 130 ______________________________

   ____

10. ¿Qué más puede hacer para entender la voluntad de Dios?

    Salmo 143:8 ______________________________

    ____

    Santiago 1:5 ______________________________

    ____

11. El Salmo 25:4-5 es una oración de David en relación con la dirección de Dios para su vida. Escriba esta oración con sus propias palabras y úsela como una oración para usted mismo, si refleja su propio corazón.

    ____

    ____

12. ¿Qué condiciones se dan en Romanos 12:1-2 para encontrar la voluntad de Dios?

13. ¿Qué hará el Espíritu Santo en la medida que usted busque la voluntad de Dios? (Juan 16:13)

14. Lea Isaías 30:18. ¿Por qué cree que el Señor a veces quiere que usted espere antes de que él le revele su voluntad?

APERTURA A LA GUÍA DE DIOS

Muchas de las dificultades para determinar la voluntad del Señor son superadas cuando usted está verdaderamente listo para hacer cualquier cosa que sea su voluntad.

15. Puede ser que no siempre conozca todas las posibles alternativas para determinar qué hacer. ¿Cuál sería otra manera por la que usted podría reunir información adicional? (Proverbios 15:22)

El consejo debe obtenerse de los cristianos maduros que están comprometidos con la voluntad de Dios y que lo conocen bien a usted. Ayuda hablar con otros que anteriormente han tomado decisiones en asuntos que usted está experimentando actualmente.

16. Explique el principio que Jesús utilizó para contestarle a aquellos que lo estaban cuestionando. (Juan 7:17)

    ¿Cómo se aplica esto a conocer la voluntad de Dios?

17. Cuando sabe lo que Dios quiere que haga, ¿cómo debería hacerlo? (Efesios 6:6)

18. ¿Qué otros factores pueden ayudarlo a discernir la guía de Dios?

    Romanos 13:1

Efesios 5:15-17

Colosenses 3:15

Como hemos visto, el llamado de Cristo para nosotros significa que debemos seguirlo. La esencia de ese llamado involucra la dirección de nuestra vida.

—DR. JOSEPH STOWELL, *Following Christ* (Siguiendo a Cristo)

PRINCIPIOS EN PRÁCTICA

La tabla siguiente puede ser útil para ayudarlo a determinar la voluntad de Dios para una decisión particular que esté enfrentando en este momento.

La decisión que estoy enfrentando:

OBJETIVOS BÍBLICOS	SÍ	NO	NEUTRAL
¿Estoy poniendo los deseos de Dios por encima de los míos?			
¿Me ayudará a amar más a Dios y a los demás?			
¿Me ayudará a cumplir la Gran Comisión?			
¿Me ayudará a llevar una vida más santa y compasiva?			
¿Aumentará mi intimidad y mi adoración a Dios?			
Otras preguntas:			

OBEDIENCIA A DIOS

19. ¿Qué he visto recientemente en las Escrituras que se relacione con esta decisión?

20. ¿He orado acerca de esta decisión?

APERTURA A LA GUÍA DE DIOS

21. ¿Cuáles son las diferentes opciones que tengo para tomar esta decisión?

OPCIONES	VENTAJAS	DESVENTAJAS

22. ¿Estoy verdaderamente dispuesto a hacer lo que Dios quiere que haga?

23. ¿Qué consejo he recibido de otros?

24. ¿Qué deseos falsos puedo estar teniendo?

25. ¿Qué temores tengo acerca de la dirección en que Dios me pueda guiar?

26. ¿Con cuál decisión siento paz espiritual interna?

27. ¿Qué circunstancias se relacionan con esta decisión?

VERSÍCULO SUGERIDO PARA LA MEDITACIÓN Y MEMORIZACIÓN

Filipenses 2:13

Pues Dios trabaja en ustedes y les da el deseo y el poder para que hagan lo que a él le agrada.

Filipenses 2:13

REFLEXIONES PERSONALES

Regresemos a Jeremías 29:11 y Efesios 2:10. Basados en el amor, la bondad y los deseos de Dios para usted, ¿cuáles son sus esperanzas para el futuro? ¿Cuál cree que es la buena obra que Dios puede tener preparada para que usted haga?

RECUERDE ESTOS PUNTOS

- *Dios ha revelado claramente sus propósitos, valores y metas para nosotros.*
- *Al tomar decisiones, es necesario buscar la voluntad de Dios más que la nuestra para discernir los deseos específicos de Dios para nosotros.*
- *Una disposición y apertura a seguir a Dios viene antes de descubrir un camino específico.*
- *Hacerse buenas preguntas (como las que están en este capítulo) cuando venimos ante Dios es un proceso útil.*

PROFUNDIZANDO

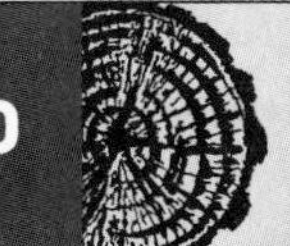

Opción A: Durante el tiempo de Jeremías, Dios permitió que el rey pagano Nabucodonosor conquistara a su pueblo y lo llevara cautivo a Babilonia. Lucharon para entender cómo el exilio era la voluntad de Dios para ellos. Lea en Jeremías 29:4-14 la explicación que Dios les dio acerca de su voluntad.

a. ¿Cuánto tiempo tenían que esperar antes de que Dios los rescatara? (Versículo 10)

b. En el transcurso del tiempo, ¿cómo se les dijo que debían vivir? (Versículos 5-7)

c. ¿Cómo describió Dios su plan y voluntad para ellos? (Versículo 11)

d. ¿Qué les prometió Dios si lo buscaban? (Versículos 12-14)

e. ¿Qué descubrió usted acerca de la voluntad de Dios en esta historia?

Opción B: Ilustración de la Voluntad de Dios
La siguiente ilustración no es una fórmula para decidir la voluntad de Dios en situaciones específicas. Más bien, ilustra áreas para considerar.

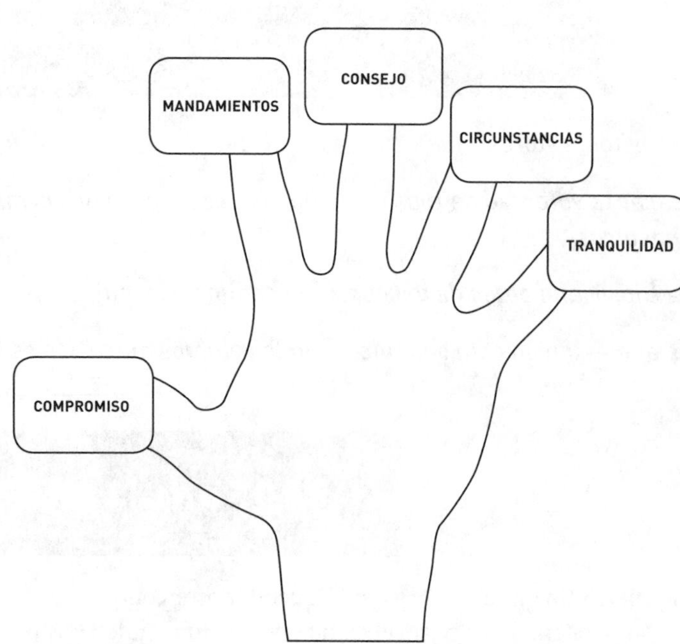

1. **COMPROMISO** — Romanos 12:1
   - *Compromiso no solamente con el señorío de Cristo, sino también compromiso con lo que él revelará que es su camino. No podemos decir «Dios, muéstrame tu camino, y si me gusta lo haré» (Vea Lucas 6:46: «Así que, ¿por qué siguen llamándome "¡Señor, Señor!" cuando no hacen lo que digo?»).*

2. **MANDAMIENTOS** (La Palabra de Dios revela su voluntad) — Salmo 119:105
   - *Preceptos que dictan claramente su voluntad en muchas situaciones*
   - *Principios que demuestran el sistema de valores y modo de proceder de Dios*
   - *Promesas en las Escrituras que ofrecen dirección en algunos casos*

3. **CONSEJO** — Proverbios 12:15; 15:22
   - *Alguien que le hable a su vida y usted hablándole a la vida de otro; ganando y dando confianza*
   - *Protege en contra de «ceguedad», subjetividad e inadvertencia*
   - *Guías para buscar consejo:*
     - *La persona*
       - *Capaz en el área de su decisión*
       - *Demuestra una entrega a Dios*
       - *Lo conoce bien a usted*
     - *El proceso: No ande «de compras» con el fin de encontrar un consejo que le agrade a usted*
     - *El producto: No tome una decisión basándose solamente en lo que dijo alguien más*

4. **CIRCUNSTANCIAS** — Filipenses 1:12-13
   - *Cuando Dios le cerraba puertas a Pablo, otras puertas siempre se abrían. Pero una puerta abierta no es necesariamente la voluntad de Dios solo porque está abierta.*
   - *Dios provee circunstancias providenciales a su discreción. No podemos poner a Dios entre la espada y la pared requiriéndole que aclare su voluntad a través de las circunstancias.*
   - *Dios le ha dado un control limitado a Satanás sobre las circunstancias (Job 1–2). Seguir a Dios de cerca es la clave para discernir cuáles circunstancias son de Dios.*
   - *Esto incluye cómo lo creo Dios a usted: sus dones, habilidades y cargas del corazón. Él quiere que viva con base en su diseño único para usted.*

5. **TRANQUILIDAD** — Colosenses 3:15
   - *Al orar por problemas, puede haber una sensación interior de tranquilidad sobre lo que es mejor.*
   - *Debe basarse en la seguridad de que Dios lo está guiando, no sobre el deseo carnal de ir por un camino fácil o por el atractivo carnal (Proverbios 3:5-6).*

CAPÍTULO

14

CAMINANDO COMO UN SIERVO

TODOS DISFRUTAN DE ser servidos, pero pocos disfrutan haciendo el esfuerzo de servir a otros. Mayormente, a la gente no le importa que los llamen siervos, pero sí les importa si son tratados como siervos. Los seguidores maduros de Jesús se evidencian por lo que harán por otros sin esperar nada a cambio.

CRISTO ES SU EJEMPLO

1. ¿Cuál fue el propósito de Cristo al venir a este mundo? (Marcos 10:45)

   ¿Cuáles son algunas de las formas en que Cristo sirvió a la gente? (Mateo 9:35)

> ***A un mundo convencido de que la ganancia se medía por la cantidad de cosas acumuladas, él dijo: «¿Y qué beneficio obtienes si ganas el mundo entero pero pierdes tu propia alma?» (Mateo 16:26). Cristo enseñó que la manera de ganar algo es regalarlo. La clave de la vida es morir a uno mismo. La grandeza es alcanzada a través del servicio. La independencia no debe ser valorada, sino más bien la sumisión del seguidor, quien finalmente se convierte en útil, efectivo y satisfecho.***
>
> —DR. JOSEPH STOWELL, *Following Christ* (Siguiendo a Cristo)

2. Lea Juan 13:1-5, 14-15.

   a. ¿Qué acto simple de servicio hizo Jesús por sus discípulos? (Versículos 4-5)

   b. ¿Qué le dio la libertad y seguridad para hacer este trabajo servil? (Versículo 3)

   c. ¿Por qué los sirvió de esta manera? (Versículos 1, 14-15)

   d. ¿Cuáles son algunas lecciones que usted ha aprendido de este pasaje?

3. Lea Filipenses 2:5-11.

   a. ¿A qué renunció Jesús y qué posición tomó? (Versículos 6-7)

   b. ¿Cómo demostró su servidumbre? (Versículos 7-8)

c. ¿A quién cree usted que Jesús sentía que estaba sirviendo?

d. ¿Cómo y cuándo lo recompensó Dios por su servicio humilde? (Versículos 8-11)

4. Considere que Jesús sirvió hasta a quien lo iba a traicionar. Para usted, ¿cuáles son las personas más difíciles de servir? ¿Cómo se siente acerca de servirlos? ¿Qué puede hacer específicamente para servirlos?

EL DESEO DE CRISTO PARA USTED

5. Reflexione sobre las instrucciones de Dios en Filipenses 2:3-5.

a. ¿Qué se le dice que haga?

b. ¿Cómo se siente cuando es tratado como un sirviente? ¿Cómo lidia con estas emociones?

c. ¿Puede pensar en una situación donde usted actuó de una forma «egoísta» o trató de «impresionar a otros» en lugar de considerar «a los demás como mejores» que usted?

MOMENTO DE ORACIÓN

HAGA UNA PAUSA para pedirle a Dios dónde y a quién quiere él que usted sirva humildemente, aun si eso significa poner sus propios intereses a un lado. Reflexione aquí por escrito acerca de cómo lo dirige él.

6. De los pasajes del siguiente cuadro, haga una nota sobre a quiénes debe servir y cualquier tipo de principios sobre el servicio que mencione.

VERSÍCULOS	¿A QUIÉN DEBE SERVIR?	PRINCIPIOS DEL SERVICIO
Juan 12:26		
Gálatas 5:13		
Gálatas 6:9-10		

7. Durante la última cena de Cristo con los discípulos antes de su muerte, él les demostró varias cosas acerca de una actitud de servicio. Lea Lucas 22:24-27.

   a. ¿Acerca de qué estaban discutiendo los discípulos? (Versículo 24)

   b. ¿Cómo deberían comportarse los seguidores de Cristo? (Versículo 26)

   c. ¿Cómo es esto contrario a la forma en que el mundo funciona? (Versículo 25)

La causa de Cristo se empodera por seguidores completamente devotos que se acercan a él al verse a sí mismos como sirvientes de otros por la causa de la eternidad. Nunca debemos dar por sentada la realidad de que cuando el Dios del universo se hizo hombre, escogió venir en la forma de un sirviente (Filipenses 2:5-11). Es asombroso que de todos los atributos que pudiera haber escogido, escogió la humildad para empoderarnos hacia el crecimiento y la gloria.

—DR. JOSEPH STOWELL, *Following Christ* (Siguiendo a Cristo)

DANDO DE SÍ MISMO

Los creyentes han sido liberados en Cristo, no para hacer lo que les plazca, sino para servir. Los seguidores de Jesús ya no están bajo la obligación de servir en las cosas de la vida antigua, sino que son libres para servir voluntariamente en las cosas de la nueva vida.

8. De acuerdo con los siguientes pasajes de las Escrituras, ¿de qué o de quién nos salvó Jesús? ¿A qué o a quién podemos servir ahora a causa de eso?

VERSÍCULO	NOS LIBRÓ DE...	PARA SERVIR A...
Romanos 6:18-19		
1 Pedro 2:16		
Gálatas 5:13		

9. ¿Cómo se consideraba Pablo a sí mismo? (2 Corintios 4:5)

   ¿Cómo manifestó su identidad de siervo? (2 Corintios 12:15)

CLAVES PARA SER UN SIERVO

SER HUMILDE

10. ¿Qué debe mantener en mente continuamente? (Juan 13:13, 16)

11. Como siervo, usted podría desarrollar orgullo en su servicio. ¿Qué puede ayudarlo a evitar hacer esto? (Lucas 17:10)

OBSERVAR Y SATISFACER LAS NECESIDADES DE OTROS

12. El siervo es observador: «Los oídos para oír y los ojos para ver; ambos son regalos del SEÑOR» (Proverbios 20:12). Es la intención de Dios que usted utilice lo que él le ha dado para escuchar y observar.

    a. ¿Cómo puede convertirse en un mejor oyente?

    b. ¿Cómo puede convertirse en un mejor observador?

13. ¿Cuáles son algunas maneras prácticas en que puede ayudar a satisfacer las necesidades de otros?

    Proverbios 3:27 ______________________________

    Mateo 25:35-36 ______________________________

    1 Juan 3:17 ______________________________

14. Teniendo la pregunta anterior en mente, piense en las siguientes personas. ¿Cómo puede servirlos en esta semana?

    - *Padres*
    - *Hermanos*
    - *Amigos*
    - *Jefes*
    - *Maestros*
    - *Empleados*
    - *Enemigos*
    - *Líderes espirituales*

UN SIERVO DA

Una de las formas más tangibles de servir a otros es satisfacer sus necesidades materiales y financieras. Si usted está dispuesto a dar lo que es tangible, será más capaz de dar lo que es intangible: su tiempo, su experiencia, su amor, su vida.

15. En el Nuevo Testamento, ¿qué principios y promesas proveen una base para dar?

    2 Corintios 8:9 ______________________________

    2 Corintios 9:6 ______________________________

    2 Corintios 9:8 ______________________________

    Filipenses 4:19 ______________________________

16. Nuestra motivación para dar es muy importante. No se trata de una obligación, sino de un corazón lleno de adoración y amor. Considere Juan 12:1-7.

    a. ¿Cuál fue la motivación de María al dar?

    b. En general, ¿cuál es su motivo para dar?

c. Si su motivación no es correcta, ¿debería eso hacerlo dejar de dar? Explique.

17. Según los versículos en el siguiente cuadro, ¿a quién debería darle? Para cada versículo, ¿puede pensar en alguna persona específica a quien podría darle?

VERSÍCULOS	DEBERÍA DARLE A...	PERSONA ESPECÍFICA A QUIEN PUEDO DARLE...
Proverbios 19:17		
1 Corintios 9:14		
Gálatas 6:6		
Santiago 2:15-16		

18. Evalúe su manera de dar.

a. ¿Tiene un plan?

b. ¿A quién le está dando actualmente?

c. ¿Necesita cambiar alguna de sus prácticas para dar? Si es así, ¿qué hará?

VERSÍCULO SUGERIDO PARA LA MEDITACIÓN Y MEMORIZACIÓN

Filipenses 2:5-7

Tengan la misma actitud que tuvo Cristo Jesús. Aunque era Dios, no consideró que el ser igual a Dios fuera algo a lo cual aferrarse. En cambio, renunció a sus privilegios divinos; adoptó la humilde posición de un esclavo y nació como un ser humano.

Filipenses 2:5-7

REFLEXIONES PERSONALES

¿De qué manera lo ha servido Jesús esta semana? ¿Cómo ha servido usted a Jesús y a otros esta semana?

RECUERDE ESTOS PUNTOS

- *Jesucristo no fue obligado a convertirse en siervo, él lo hizo voluntariamente y se dio a sí mismo para satisfacer las necesidades de la gente.*
- *Cristo ha ayudado a todos los creyentes, y su respuesta debería ser servirlo a él y servir a otros.*
- *Los creyentes «deben morir a sí mismos» para poder vivir para otros. Entonces serán libres para ser siervos.*
- *Un siervo debe ser humilde y observador de las cosas pequeñas, así como de las cosas más grandes.*
- *Un siervo es un dador, no solo de sí mismo, sino también de sus posesiones financieras y materiales. Cada cristiano debe tener un plan personal financiero para dar basado en los principios bíblicos.*

PROFUNDIZANDO

Dios nos ha dado dones espirituales para servir a otros con amor. Lea acerca de ellos en 1 Corintios 12 y Romanos 12:4-8. ¿Cuáles de estos dones podría tener usted? ¿Cómo los está usando o cómo podría usar sus dones espirituales para servir a otros creyentes?

> *El llamado a la humildad es un llamado a servir a Dios con una mente sobria, con un entendimiento pleno de nuestros dones y nuestras limitaciones.*
>
> —GORDON T. SMITH

CUARTA PARTE

El carácter del seguidor de Jesús

CONSTRUYENDO PARA LA CALIDAD

HABIENDO TERMINADO LAS tres primeras partes de *Diseño para el discipulado*, usted ya conoce el beneficio del estudio bíblico personal: lo que significa buscar en las Escrituras y descubrir a Jesús como el Camino, la Verdad y la Vida. Probablemente se haya dado cuenta que cuando responde a Dios y experimenta su Palabra, esto afecta sus actitudes y acciones cada día.

Sin embargo, aunque se haya dado cuenta de la importancia de poner en práctica la Palabra de Dios, probablemente sentirá oposición. Satanás es el enemigo de todo creyente, y él conoce el poder de la Palabra de Dios. Tratará de mantenerlo alejado de ella usando todo método que tenga al alcance. Él le sugerirá cosas como «Estás muy ocupado» o «En este momento, no te puedes concentrar. Haz esta cosita primero, después regresa al estudio bíblico». Él ingeniará interrupciones, tentaciones e inclusive críticas de otros para obstaculizar que usted le dé energía y atención a las Escrituras.

Reconocer que Satanás es una fuente de tales obstáculos vuelve a enfatizar la importancia del estudio bíblico, y puede aumentar su determinación para alcanzar la victoria. ¿Cómo puede ganar? Aquí hay algunas sugerencias prácticas:

1. ACEPTE por fe la victoria que Cristo ya ganó sobre Satanás y sus estrategias: «¡Pero gracias a Dios! Él nos da la victoria sobre el pecado y la muerte por medio de nuestro Señor Jesucristo» (1 Corintios 15:57).
2. PÍDALE al Señor su sabiduría y fortaleza.
3. USE la disciplina personal para experimentar la gracia de Dios. Así como hace un esfuerzo para continuar con sus momentos diarios a solas con el Señor, también debe planear y proteger celosamente su tiempo de estudio. Es sabio establecer un objetivo definido para completar cierta cantidad de estudio cada semana y ser diligente para alcanzar ese objetivo. «Es agradable ver que los sueños se hacen realidad», dijo Salomón (Proverbios 13:19), y la satisfacción es suya cuando alcanza el objetivo de dedicarle tiempo regular al Señor y su Palabra.
4. PÍDALE a amigos que lo animen en sus objetivos semanales del estudio bíblico, y quizás comparta con ellos algo de lo que haya aprendido.

¿POR QUÉ ENFOCARSE EN EL CARÁCTER AHORA?

Es muy fácil enfocarse en lo exterior e ignorar lo interior. Usualmente conseguimos entrenamiento para nuestras habilidades. Pero ¿qué hay de nuestro corazón y lo que es aún más profundo que eso? El carácter fluye desde adentro y se puede definir como «firmeza y excelencia moral». El deseo de Dios para nuestra vida es desarrollar cualidades internas, así como también conductas externas.

Las cinco áreas del carácter que estudiaremos en este curso son:

- *El llamado a una vida fructífera*
- *Amor auténtico en acción*
- *Pureza de vida*
- *Integridad en el vivir*
- *Desarrollo del carácter en el sufrimiento*

Las disfunciones de muchos [creyentes] están enraizadas en una realidad común: sus capacidades han sido ampliamente entrenadas, mientras que su carácter ha sido simplemente presumido.

—BILL THRALL, *Leadership Catalyst, Inc.* (Catalizador de liderazgo, Inc.)

CAPÍTULO

15

EL LLAMADO A UNA VIDA FRUCTÍFERA

MUCHA GENTE MIDE la productividad de sus vidas por la cantidad de sus actividades. Pero esto no nos da una imagen real. Lo que usted es y quién es importa más que lo que usted hace. La Biblia enfatiza *el ser* y *el carácter* para crecer y ser más como Cristo.

CRECER EN EL FRUTO DEL ESPÍRITU

1. Lea Juan 15:1-5. Aquí, Jesús da una idea sobre el tema de producir fruto espiritual.
   a. En esta metáfora, ¿quién es la vid y quiénes son las ramas? ______________________
   ____
   b. ¿Por qué las ramas necesitan la vid?
   ____
   ____
   c. Explique lo que «permanecer en Cristo» significa para usted.
   ____
   ____
   ____
   ____
   ____
   ____

> ***Si Cristo vive en nosotros, controlando nuestras personalidades, dejaremos marcas gloriosas en las vidas que toquemos. No a causa de nuestro carácter amable, sino a causa del de él.***
>
> —EUGENIA PRICE

2. Lea acerca del fruto del Espíritu en Gálatas 5:22-23. Enumere las cualidades que Dios quiere producir en su vida y defina cada una brevemente.

EL FRUTO DEL ESPÍRITU	BREVE DEFINICIÓN DEL FRUTO
1.	
2.	
3.	
4.	
5.	
6.	
7.	
8.	
9.	

3. En el Sermón del monte, Jesús identificó ocho cualidades básicas del carácter que permiten vivir una vida llena y feliz. Para cada cualidad del carácter, enumere la bendición que Jesús prometió (Mateo 5:3-12).

LA PERSONA BENDECIDA	PROMESA DE JESÚS
1. Es pobre en espíritu. (Versículo 3)	
2. Llora. (Versículo 4)	
3. Es humilde. (Versículo 5)	
4. Tiene hambre y sed de justicia. (Versículo 6)	
5. Es compasivo. (Versículo 7)	
6. Tiene el corazón limpio. (Versículo 8)	
7. Trabaja por la paz. (Versículo 9)	
8. Es perseguido a causa de la justicia. (Versículos 10-11)	

4. A medida que el Espíritu Santo desarrolla su fruto en su carácter durante toda su vida, ¿cómo afectará esto a su mundo emocional?

¿Cómo afectará sus relaciones?

5. Contraste los dos tipos de personas en Jeremías 17:5-8.

LA PERSONA QUE CONFÍA EN LOS DEMÁS	LA PERSONA QUE CONFÍA EN EL SEÑOR

6. Examine realísticamente en quién y en qué usualmente pone su confianza. ¿Cuál es un área donde necesita confiar menos en usted o en otras personas para que pueda confiar más en Dios? Explique.

CRECIENDO EN EL CARÁCTER

7. Las Escrituras identifican varias áreas importantes de la vida que revelan nuestro verdadero carácter. ¿Cuáles son?

   Filipenses 4:8

   Colosenses 4:6

   1 Pedro 2:12

   Efesios 4:31-32

8. ¿Cómo afecta la condición de nuestro corazón a las otras áreas de nuestra vida? (Lucas 6:45)

9. ¿Qué sucederá con sus pensamientos y su mente a medida que desarrolle su carácter? (Efesios 4:23-24)

10. Lea Santiago 3:13-18.

    a. ¿Cómo puede la sabiduría santa profundizar el desarrollo de nuestro carácter?

    b. Contraste la sabiduría santa con la sabiduría terrenal. (Versículos 15-17)

SABIDURÍA SANTA	SABIDURÍA TERRENAL

11. Lea 1 Pedro 1:13-16. ¿Cuál es el deseo de Dios para nosotros?

    Mientras Dios está transformando su carácter para que sea más como Cristo, ¿cuáles son algunas maneras prácticas mencionadas en este pasaje en las que puede unirse a él en ese trabajo?

12. Tome un momento para reflexionar. ¿Alguna vez ha tratado de cambiar su carácter con sus propias fuerzas, sin la ayuda ni la gracia de Dios? ¿Cuáles fueron los resultados?

13. Lea y medite en 2 Pedro 1:1-8. Este pasaje de las Escrituras muestra claves para el crecimiento del carácter.

    a. Enumere algunas cosas que Dios ha provisto para ayudarlo a crecer en carácter. (Versículos 3-4)

    b. Describa brevemente las cualidades mencionadas en los versículos 5-7.

    c. A medida que madura su carácter en estas cualidades, ¿cómo honrará esto a Dios y lo ayudará a usted?

d. ¿Ha experimentado el poder de Dios cambiando su carácter?

e. Trate de identificar en cuál de estas cualidades se puede estar enfocando el Espíritu Santo en su vida. Con la ayuda de Dios, ¿qué paso podría tomar para llegar a ser más como Cristo al demostrar la cualidad que mencionó?

En lo que piensa:

En lo que dice:

En cómo actúa:

CRECIENDO EN EL GOZO DE VIVIR EN SANTIDAD

14. Lea Filipenses 3:4-14. Pablo experimentó un gozo profundo en el proceso de ser transformado por la gracia.

a. Haga una lista de las nuevas actitudes y patrones de Pablo que se diferencian de las anteriores.

ACTITUDES Y PATRONES ANTIGUOS (VERSÍCULOS 4-7)	ACTITUDES Y PATRONES NUEVOS (VERSÍCULOS 7-14)
1. Poner confianza en la carne	
2. Líder religioso	
3. Perseguía a la iglesia	
4. Libre de culpa ante la ley	
5. Contaba todo como ganancia para sí mismo	

b. Miremos otra vez el versículo 13. Para su vida santa, Pablo desechó algunas cosas de aquellas en que antes dependía. ¿De qué cosas (si las hay) está dependiendo ahora que debería dejar atrás?

c. ¿En qué cosas está poniendo su esperanza mientras mira hacia adelante? (Versículo 14)

El contraste entre la manera en que Dios hace las cosas y nuestra manera se destaca en esta área del cambio y la transformación humana. Nosotros nos enfocamos en acciones específicas; Dios se enfoca en nosotros. Nosotros trabajamos de afuera hacia adentro; Dios trabaja de adentro hacia afuera. Nosotros tratamos; Dios transforma.

—RICHARD FOSTER, *Devotional Classics* (Devocionales clásicos)

15. Aun en medio de dificultades y dolor, ¿cómo ayudó la gracia de Dios a hacer crecer el carácter de Pablo? (2 Corintios 12:7-9)

    ¿Cómo ha usado Dios las dificultades para desarrollar algún aspecto de su carácter?

16. Lea Juan 15:11-16; 16:24; 17:13. De acuerdo con estos versículos, ¿qué lo llenará de gozo?

    ¿Cuál es la clave para ser llenado de gozo? (Salmo 16:11)

17. Para usted, ¿cómo se vería una vida llena de gozo? ¿Alguna vez ha visto a alguien lleno de gozo y, aun así, llorando? Explique.

18. ¿Qué le prometió Jesús a aquellos que habían abandonado todo para seguirlo? (Lucas 18:29-30)

    ¿Cuál es su respuesta al recibir esta promesa ahora y luego en el cielo?

Lo que hemos visto hasta este momento definitivamente no es fácil ya que nuestra carne y las tendencias humanas resistirán fuertemente el crecimiento. También tendremos la inclinación a hacerlo con nuestras propias fuerzas. Pero nuestra confianza descansa en la seguridad de que Dios trabaja en nosotros para madurarnos. En su misericordia, nuestro Dios santo nos protege de lo que justamente merecemos. Luego, en Cristo, él nos da abundantemente la gracia que necesitamos, no solo para la vida eterna, sino también para nuestra vida diaria.

VERSÍCULO SUGERIDO PARA LA MEDITACIÓN Y MEMORIZACIÓN

Juan 15:5

Ciertamente, yo soy la vid; ustedes son las ramas. Los que permanecen en mí y yo en ellos producirán mucho fruto porque, separados de mí, no pueden hacer nada.

Juan 15:5

REFLEXIONES PERSONALES

Escríbale a Dios acerca su carácter. Describa lo que ve en su carácter y cómo desea crecer en su carácter.

RECUERDE ESTOS PUNTOS

Agregue una o dos oraciones a las siguientes declaraciones para resumir las cosas más importantes que aprendió de cada sección de este capítulo.

CRECIENDO EN EL FRUTO DEL ESPÍRITU

Dios desea producir cualidades de carácter santo en nuestra vida como un resultado de nuestra relación con Cristo.

CRECIENDO EN EL CARÁCTER

El crecimiento del carácter involucra pensamientos, palabras, acciones y emociones.

CRECIENDO EN EL GOZO DE VIVIR EN SANTIDAD

La gracia de Dios nos ayuda a experimentar el gozo y el crecimiento del carácter, aun en medio de dificultades y dolor.

PROFUNDIZANDO

Si ustedes son sabios y entienden los caminos de Dios, demuéstrenlo viviendo una vida honesta y haciendo buenas acciones con la humildad que proviene de la sabiduría; pero si tienen envidias amargas y ambiciones egoístas en el corazón, no encubran la verdad con jactancias y mentiras. Pues la envidia y el egoísmo no forman parte de la sabiduría que proviene de Dios. Dichas cosas son terrenales, puramente humanas y demoníacas. Pues, donde hay envidias y ambiciones egoístas, también habrá desorden y toda clase de maldad.

Sin embargo, la sabiduría que proviene del cielo es, ante todo, pura y también ama la paz; siempre es amable y dispuesta a ceder ante los demás. Está llena de compasión y del fruto de buenas acciones. No muestra favoritismo y siempre es sincera. Y los que procuran la paz sembrarán semillas de paz y recogerán una cosecha de justicia. SANTIAGO 3:13-18

El libro de Proverbios nos da numerosos consejos para el crecimiento del carácter, especialmente

[para obtener] sabiduría y disciplina,
y ayudar a las personas a comprender la inteligencia de los sabios. PROVERBIOS 1:2

Considere leer el libro de Proverbios, un capítulo al día por el siguiente mes. Mientras lee, haga una lista en su cuaderno de reflexiones de las características de una persona sabia y justa. Quizás quiera hacer otra columna para contrastar la sabiduría de Dios con la necedad de la sabiduría terrenal.

CAPÍTULO

16

AMOR AUTÉNTICO EN ACCIÓN

Gracia significa que no hay nada que pueda hacer para que Dios me ame más, y nada que pueda hacer para que Dios me ame menos. Significa que yo, aun yo que merezco lo opuesto, estoy invitado a tomar mi lugar en la mesa de la familia de Dios.

—PHILIP YANCEY, *What's So Amazing About Grace?* (¿Qué hay de asombroso en cuanto a la gracia?)

¿QUÉ ES EL AMOR AUTÉNTICO?

1. ¿De qué manera reveló Jesús el amor más grande posible? (Juan 15:12-14)

2. ¿Cuáles son algunas características del amor auténtico? (1 Corintios 13:4-8)

QUÉ ES AMOR	QUÉ NO ES AMOR

¿De qué manera influye en una persona recibir amor verdadero?

3. Lea cuidadosamente 1 Juan 4:7-21.
   a. ¿Qué ha hecho Dios para demostrar su amor por nosotros? (Versículos 9-10)

   b. ¿Qué hemos hecho para merecer el amor de Dios?

c. ¿Por qué debemos amar? (Versículos 11, 19)

d. ¿Qué cree usted que el temor le hace al amor y el amor al temor? (Versículo 18)

4. Considere las siguientes declaraciones. ¿Tiende a estar de acuerdo (A), o en desacuerdo (D)?

___El amor es una acción, no una emoción.
___Si doy suficiente amor, no necesito recibir amor.
___Dios es amor, es amoroso y es el Amante celoso de mi alma.
___No tienes que agradarme, pero sí tengo que amarte.
___La confianza es esencial para dar y recibir amor.

Si no puede haber amor igual, que el que ame más sea yo.

—ANÓNIMO

AMAR DESINTERESADAMENTE

Mucha gente ha aprendido solamente a coexistir con otros. Ellos dicen: «Si tú haces tu parte, yo haré la mía». Esta forma de entrega condicional no es amor verdadero. Dios quiere que digamos: «Yo te amaré incluso si no recibo nada a cambio». Dios forma en nuestras actitudes y acciones esta manera desinteresada de dar y amar. Pero existe otro lado de esta moneda. Para poder amar desinteresadamente, debemos tener suficiente abundancia y energía para dar amor. Es a causa de estar llenos del amor de Dios que podemos amar a otros desinteresadamente.

5. ¿A quién deberían amar los seguidores de Jesús?

Deuteronomio 6:5 ___

Lucas 6:27 ___

1 Pedro 4:8 ___

6. Lea Juan 13:34-35. ¿Por qué cree que Jesús puso tanto énfasis en demostrar amor?

7. Dios nos creó para tener necesidades legítimas. Lea 1 Juan 3:16-18. ¿Qué relación ve usted entre amar a la gente y suplir sus necesidades?

¿Por qué es importante que permitamos que nuestras propias necesidades sean suplidas recibiendo el amor de otras personas?

Humildad significa confiar en Dios y en otras personas a su alrededor.

—BILL THRALL, *Leadership Catalyst, Inc.* (Catalizador de liderazgo, Inc.)

AMAR EN HUMILDAD

8. La humildad viene de tener la perspectiva correcta de Dios y de uno mismo. Se trata de en quién confía usted. ¿Qué le dicen los siguientes versículos acerca de esto?

   Jeremías 9:23-24

   2 Corintios 3:4-5

   Filipenses 2:3-4

   ¿Qué diferencia hay entre el orgullo y la confianza?

9. Lea 1 Pedro 5:5-6. Considere la manera en que Dios responde a la persona humilde. ¿Por qué cree que Dios le da un valor tan alto a la humildad en la vida de una persona?

   ¿Qué les sucede a las personas que se humillan a sí mismas? Dé un ejemplo de la vida real en el que alguien que se humilló a sí mismo fue exaltado después.

10. Lea Romanos 12:3.

    a. ¿Cuáles cree que son los resultados de sobreestimarse a sí mismo?

b. ¿Cuáles cree que son los resultados de subestimarse a sí mismo?

Cualquier preocupación de sí mismo es orgullo.

ORGULLO

Pensar muy *alto* de sí mismo: «No quiero confiar en Dios. ¡Las obras de Dios no pueden funcionar sin mí!»	Pensar muy *bajo* de sí mismo: «No puedo confiar en Dios. ¡Dios no puede hacer nada por medio de mí!»

11. Medite en cómo Jesús ejemplificó la humildad, la confianza, el amor, la obediencia y la exaltación en Filipenses 2:5-11.

    a. ¿En quién confió Jesús?

    b. ¿Cómo ejerció la humildad?

    c. ¿Qué lo motivó a amar tan desinteresadamente?

    d. ¿Cómo respondió Dios el Padre a la actitud de Jesús?

12. Resuma la relación que ve entre el amor y la humildad.

    ¿Cómo articularía su propio crecimiento de amor y humildad?

AMAR EN PALABRAS

13. ¿Cómo pueden suplir las necesidades las palabras llenas de amor?

    Proverbios 12:25

Isaías 50:4

Efesios 4:29

Colosenses 4:6

14. ¿De qué manera ha tenido la experiencia del amor verbal de otras personas? Típicamente, ¿cómo responde a las afirmaciones de otras personas?

¿Quién es alguien a quien usted podría amar a través de palabras amables, animadoras o afirmadoras? ¿Qué le podría decir?

15. ¿Acerca de qué pecados se le advierte?

Proverbios 10:19

Proverbios 17:9

Proverbios 27:2

AMAR EN BUENAS OBRAS

El amor no es solamente un sentimiento interior, sino también un acto de la voluntad. El amor puede ser revelado por su efecto en aquellos que lo reciben. Por un tiempo era popular hacer «acciones de caridad al azar». Pero expresar el amor a través de las buenas obras siempre es apropiado para un seguidor de Cristo.

16. ¿Cuál es la relación entre la salvación y las buenas obras? (Efesios 2:8-10)

¿Por qué cree que un seguidor de Jesús debería hacer buenas obras?

17. ¿Cuál debería ser la motivación principal detrás de sus acciones? (1 Corintios 10:31)

18. Haga un análisis real del amor: Considere 1 Juan 3:17. ¿Estaría dispuesto a quitarse su abrigo y dárselo a una persona necesitada? Tal vez pueda pensar en un ejemplo donde pudo haber satisfecho la necesidad de otro, pero no lo hizo. ¿Qué podría hacer cuando se presente otra oportunidad como esa?

19. ¿Qué debe recordar al hacer buenas obras?

Gálatas 6:9-10

Tito 3:8

Hace tiempo, un soldado joven llamó a sus padres después de terminar su servicio militar. Les preguntó si podía llevar su amigo a casa con él. «Mire, mamá —dijo él—, mi amigo sufrió bastante en la guerra. Solamente tiene una pierna, un brazo y un ojo».

Después de una pausa larga, su madre le dijo a regañadientes, «Por supuesto, hijo, se puede quedar con nosotros por un corto tiempo». Su voz pasó el mensaje de que no querían estar cargados por mucho tiempo con una persona tan discapacitada.

Dos días después, recibieron un telegrama diciendo que su hijo había muerto al tirarse de una ventana de un hotel. Cuando el cuerpo llegó para el entierro, a su madre se le quebró el corazón, ya que ¡él solo tenía una pierna, un brazo y un ojo!

El recuerdo de su última conversación con él todavía permanece con ella, y, frecuentemente, grita, «Oh, ¿por qué no le hablé con más cuidado, con más amor?». Si tan solo pudiera cambiar esas palabras tan egoístas: "él se puede quedar con nosotros por un corto tiempo". ¡Pero ya es demasiado tarde!».

—HENRY G. BOSCH, *Our Daily Bread* (Nuestro pan diario), marzo 7, 1975

VERSÍCULO SUGERIDO PARA LA MEDITACIÓN Y MEMORIZACIÓN

1 Corintios 13:13

Tres cosas durarán para siempre: la fe, la esperanza y el amor; y la mayor de las tres es el amor.

1 Corintios 13:13

REFLEXIONES PERSONALES

El amor es paciente y bondadoso. El amor no es celoso ni fanfarrón ni orgulloso ni ofensivo. No exige que las cosas se hagan a su manera. No se irrita ni lleva un registro de las ofensas recibidas. No se alegra de la injusticia sino que se alegra cuando la verdad triunfa. El amor nunca se da por vencido, jamás pierde la fe, siempre tiene esperanzas y se mantiene firme en toda circunstancia.
1 CORINTIOS 13:4-7

Anote de qué manera le gusta que lo amen y de qué manera le gusta demostrar amor a otros.

RECUERDE ESTOS PUNTOS

Agregue una o dos oraciones a las siguientes declaraciones para resumir las cosas más importantes que aprendió de cada sección de este capítulo.

¿QUÉ ES EL AMOR AUTÉNTICO?

Las Escrituras revelan y demuestran el amor infalible de Dios.

AMAR DESINTERESADAMENTE

El amor debe marcarnos como seguidores de Jesús.

AMAR EN HUMILDAD

La confianza es el punto de inicio del amor.

AMAR EN PALABRAS

Demostramos amor con nuestras palabras y afirmaciones bondadosas.

AMAR EN BUENAS OBRAS

Las acciones demostrarán la realidad de nuestro amor.

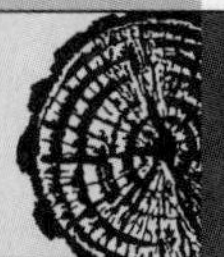

PROFUNDIZANDO

La disposición de perdonar a otros, de extenderles misericordia, es una parte profunda del carácter del amor. ¿Le cuesta en su corazón perdonar a otros cuando ellos no le piden perdón? Allí es donde la misericordia y el perdón hacen el mayor bien. En la cruz, Jesús proclamó: «Padre, perdónalos, porque no saben lo que hacen» (Lucas 23:34). Jesús ofrece misericordia, no justicia. Medite en Mateo 6:14-15, Mateo 7:1-5 y Santiago 2:12-13. Exprese sus pensamientos sobre el perdón, el juicio y la misericordia, y cómo se relacionan con amar a otros.

CAPÍTULO

17

PUREZA DE VIDA

VIVIR DE ACUERDO con la moral absoluta de la Palabra de Dios no es fácil ni popular. En este mundo, mucha gente busca liberarse de toda responsabilidad moral. Los seguidores de Jesús tienen el privilegio y la obligación de vivir de acuerdo con los valores bíblicos. A medida que lo hacemos, nuestra seguridad y confianza en la bondad de Dios crece. Podemos experimentar más y más cómo la voluntad de Dios es «buena, agradable y perfecta» (Romanos 12:2).

LA NORMA DE DIOS

1. Utilice un diccionario y defina *pureza.*

2. ¿Qué les promete Dios a aquellos que son puros de corazón? (Salmo 24:3-5; Mateo 5:8)

Forme en su mente una impresión tan profunda como sea posible de la presencia constante del Dios grande y santo. Él está cerca de nuestras camas, presente en nuestros caminos y vigila todo nuestro caminar. Cuandoquiera que esté tentado a cometer un pecado, u omitir una tarea, deténgase por un momento y dígase, «¿Qué estoy a punto de hacer? Dios me ve».

—SUSANNA WESLEY a su hijo mayor, Samuel

3. ¿Cuáles son algunos comportamientos impuros comunes de los cuales debemos protegernos? (Efesios 5:3-5)

4. Las normas del mundo difieren considerablemente de las de Dios. En 1 Juan 2:15-16, ¿cuáles son algunas de las normas del mundo? Enumere y defínalas.

NORMA	DEFINICIÓN

5. Varios pasajes del Nuevo Testamento declaran las características de una persona que está correctamente relacionada con otras. Lea 1 Timoteo 5:1-2.

   a. ¿Cómo deberíamos tratar a otras personas?

b. Escriba por lo menos dos normas bíblicas concernientes a sus relaciones con el sexo opuesto.

c. ¿Tiene usted alguna relación con alguien que necesita ajustarse a estas normas y actitudes? Si es así, ¿qué debería hacer usted con respecto a esto?

LA IMPORTANCIA DE LA PUREZA PERSONAL

Aunque hay muchas áreas de pureza personal, nos vamos a enfocar especialmente en el área de la pureza sexual y en formar relaciones piadosas entre hombres y mujeres.

6. ¿Qué desea Dios en cuanto a nuestra conducta?

   Mateo 5:27-28

   2 Corintios 7:1

   1 Tesalonicenses 4:3-8

   Describa cualquier cosa de la que está consciente que podría estar contaminando su cuerpo o espíritu.

7. ¿Cómo describe Dios a aquellos que practican la impureza? (Efesios 4:18-19)

8. Enumere varias razones por las cuales debemos evitar la inmoralidad. (1 Corintios 6:13-20; vea también la tabla en la sección Profundizando)

   Versículo 13

   Versículo 15

   Versículos 16-17

   Versículo 18

Versículo 19

Versículo 20

9. Después de crear el mundo y hacer al hombre y a la mujer, Dios vio que era bueno (Génesis 1:31). ¿Cuáles son algunas razones para nuestra sexualidad? (Génesis 1:27-28)

¿Cómo puede la inmoralidad sexual arruinar las buenas intenciones de Dios?

10. ¿Qué dicen las Escrituras con respecto a las siguientes excusas para la conducta inmoral?

    a. «Ya que todo el mundo lo hace, debe ser correcto». (Vea Proverbios 14:12)

    b. «Solamente necesito descubrir si esto es correcto para mí». (Vea Eclesiastés 11:9)

    c. «Siempre y cuando no le haga daño a nadie, está bien». (Vea Levítico 5:17)

    d. «Nadie descubrirá que yo lo hice». (Vea Hebreos 4:13)

    e. «Me detendré después de esta única vez». (Vea Gálatas 6:7-8)

    f. «Yo realmente no hice nada... lo único que hice fue pensarlo». (Vea Mateo 5:28)

    g. «Si se siente placentero, ha de ser bueno». (Vea Hebreos 11:25)

No nos engañemos. Permanecer puros sexualmente en la mente y en la conducta es difícil. ¡Pero no es imposible!

11. ¿Cuáles son los pasos de la tentación al pecado? (Santiago 1:14-15)

12. Lea Génesis 3:6, 8 y Josué 7:21. ¿Cómo se comparan estos dos pasajes? Enumere las similitudes.

	GÉNESIS 3:6, 8	JOSUÉ 7:21
a. ¿Cuál sentido físico fue estimulado?		
b. ¿En qué sentimiento resultó?		
c. ¿En qué acto resultó?		
d. ¿Qué se hizo con la evidencia?		

¿Cree que todo acto de pecado sigue este patrón? ¿Por qué sí o por qué no?

13. Hagamos una pausa aquí por un momento. El mundo que lo rodea seguramente está repleto de imágenes y oportunidades sexuales. ¿Cuál cree que es el mensaje que el mundo transmite acerca del sexo?

La lucha siempre va a estar allí. Desde el jardín del Edén, la humanidad ha estado infundida con la tentación de pecar. La naturaleza astuta de la pornografía complica las cosas. La pornografía es secreta y seductora. Toma su energía de la naturaleza lujuriosa de querer más

porque «los ojos nunca estarán satisfechos». Cuando estamos luchando con un reto moral, y especialmente si hemos fallado la prueba, nuestra naturaleza es correr y escondernos. Adán y Eva hicieron lo mismo: trataron de esconderse de Dios... Trataron de esconder su pecado de la misma manera que la pornografía se esconde, creando el pequeño y sucio secreto.

—CRAIG GROSS Y MIKE FOSTER, *Questions You Can't Ask Your Mama About Sex* (Preguntas que no le puedes hacer a tu mamá acerca del sexo)

En vista del deseo de Dios de nuestra pureza, ¿cómo se relaciona amar a las personas y respetar su dignidad con ver pornografía?

14. Todos hemos tenido diferentes niveles de exposición y experiencias sexuales, sea en la vida real o a través de la pornografía y cosas parecidas. La Biblia nos asegura claramente que no hay pecado, incluso el pecado sexual, que Dios no perdonará. Basado en las siguientes Escrituras, termine esta oración: «No importa qué haya hecho en el pasado, si me arrepiento, Dios me perdonará porque...»

    Hebreos 9:14 ______

    Hebreos 10:19-23 ______

15. ¿Hay algún momento en que se siente impuro o sucio? Si es así, describa ese sentimiento

    a. Ahora, tome un momento para imaginar cómo se sentiría que lo hicieran limpio y puro sexualmente. ¿Cuánto siente que merece esta limpieza prometida?

    b. ¿Qué emociones hace brotar en su corazón?

16. Trate de olvidar la palabra *gato*. Cuando la haya olvidado, marque este cuadro ☐. ¿Puede hacerlo? Así es como algunas personas tratan de evitar la inmoralidad. Ellos simplemente piensan que pueden obligarse a sí mismos a no pensar en eso. Pero es imposible borrar de su mente un pensamiento malo a menos que en su lugar lo sustituya por algo bueno.

    a. ¿Cuál es la promesa de Dios cuando enfrentamos la tentación? (1 Corintios 10:13)

b. Pablo dijo que nos debemos «deshacer» de la vieja naturaleza y «poner» la nueva naturaleza (Efesios 4:22-24). Este pasaje ilustra el principio esencial de la sustitución. ¿Cuál es una manera práctica de aplicar este principio de la sustitución a su lucha por la pureza?

17. ¿Qué podemos hacer para vivir una vida limpia y agradable al Señor?

Salmo 51:10

Proverbios 4:14-15

Romanos 13:14

1 Pedro 1:22

18. Estudie Génesis 39:7-12 y 2 Samuel 11:1-4. Compare los eventos en la vida de José y de David.

	JOSÉ	DAVID
¿Qué circunstancias los rodeaban?		
¿Cuáles fueron sus respectivas actitudes?		
¿Cuáles fueron sus acciones resultantes?		

¿Por qué cree que estos dos hombres respondieron de diferente manera a una situación que era similar?

19. Lea Génesis 2:18-25.

   a. ¿Quién originó el matrimonio?

   b. ¿Con qué propósito fue instituido el matrimonio?

   c. Declare las ideas del versículo 24 con sus propias palabras.

20. Lea 2 Corintios 6:14-15.

   a. ¿Qué principio establece Dios en este pasaje?

   b. ¿Cómo se aplica esto a un matrimonio cristiano?

   c. ¿Cuáles cree que serían algunos de los problemas que resultarían para un creyente si este principio fuera violado en el matrimonio?

21. ¿Qué puede hacer si ya está en un matrimonio así? (1 Corintios 7:12-16)

22. ¿Qué posibles razones puede haber para no casarse? (1 Corintios 7:27-28, 32-35)

23. Lea Efesios 5:21-33, un pasaje sobre el matrimonio.

   a. ¿Cuál es el deseo que Dios tiene para los esposos, y qué ilustra eso?

   b. ¿Cuál es el deseo que Dios tiene para las esposas, y qué ilustra eso?

24. ¿Cuál es el deseo del corazón de Dios para sus hijos mientras viven en medio de una generación corrupta y depravada? (Filipenses 2:15)

VERSÍCULO SUGERIDO PARA LA MEDITACIÓN Y MEMORIZACIÓN

1 Timoteo 5:1-2

Dirígete a los jóvenes como si les hablaras a tus propios hermanos. Trata a las mujeres mayores como lo harías con tu madre y trata a las jóvenes como a tus propias hermanas, con toda pureza.

1 Timoteo 5:1-2

REFLEXIONES PERSONALES

¿En qué áreas de su vida lucha con la pureza? ¿Dónde cree que se encuentra Dios en su lucha con la pureza? ¿Dónde le gustaría que estuviera?

RECUERDE ESTOS PUNTOS

Agregue una o dos oraciones a las siguientes declaraciones para resumir las cosas más importantes que aprendió de cada sección de este capítulo.

LA NORMA DE DIOS

Dios tiene normas definidas para la pureza de pensamiento, palabra y conducta.

LA IMPORTANCIA DE LA PUREZA PERSONAL

Las Escrituras dan razones claras para mantener la pureza personal.

LA SENDA HACIA LA PUREZA

Dios ha provisto principios y recursos para ayudarnos en la lucha por la pureza.

UNA PERSPECTIVA SOBRE EL MATRIMONIO

Las Escrituras revelan la perspectiva de Dios sobre la pureza en el matrimonio.

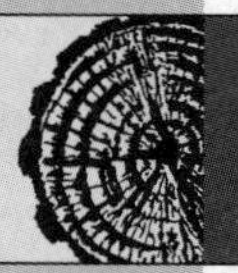

PROFUNDIZANDO

En muchas culturas hoy en día, la pornografía y los medios están atacando nuestra pureza. Aunque la manera en que la entregan es nueva, la lucha con la pureza sexual ya tiene siglos. El libro de Proverbios (especialmente los capítulos 5-7) está repleto de sabiduría, advertencias y consejos sobre la protección de nuestra pureza sexual. Nos advierte de las consecuencias y peligros del pecado sexual.

Considere seriamente estas consecuencias del pecado sexual basadas en Proverbios 5-7.

CONSECUENCIAS DE LOS PECADOS SEXUALES

PROVERBIOS 5	PROVERBIOS 6:20-35	PROVERBIOS 7
Amarga como el veneno	Cuesta la vida	Seduce con palabras dulces
Es una espada de dos filos	Es como echarse fuego en las piernas	Engatusa con halagos
Desciende a la muerte	No quedará sin castigo	Es como guiar un buey al matadero
Conduce directo a la tumba	Se destruye a sí mismo	Es como un ciervo que cae en una trampa
No se da cuenta de nada	Su vergüenza no se borrará	Es como un ave que vuela a una red
Perderá el honor	Enfurece y cobra venganza	Es la ruina de muchos
Gente extraña consumirá su trabajo	Nada lo compensará	Es el camino a la tumba
Gemirá de angustia		
Atrapan y no sueltan		
Morirá		

Lea uno de los tres capítulos de Proverbios mencionados en la tabla. De ese capítulo, ¿cuáles son algunas maneras con las que puede evitar ser atrapado por el pecado sexual? ¿Cómo puede ayudarlo un amigo cercano? (Eclesiastés 4:9-11)

El sexo cibernético es simplemente otra forma de expresión sexual egoísta. Lo dejará enganchado, siempre queriendo más y nunca saciado. [...] El sexo cibernético es peligroso porque muchas veces guía hacia formas de expresión sexual más destructivas. Tal vez se diga a sí mismo, «No puede ser, eso no me pasará a mí», pero debería leer algunos de los correos electrónicos que hemos recibido. La gente se vuelve más y más necesitada, y se encuentran metiéndose más y más a fondo a medida que buscan formas alternativas de gratificación sexual.

—CRAIG GROSS Y MIKE FOSTER, *Questions You Can't Ask Your Mama About Sex* (Preguntas que no le puedes hacer a tu mamá acerca del sexo)

CAPÍTULO

18

INTEGRIDAD EN EL VIVIR

VIVIR COMO UNA persona completa e íntegra puede ser un reto. Tenemos la tendencia de ponernos máscaras y decir una cosa, pero contradecirla por la manera en que vivimos. Cada día luchamos con temas de lo correcto y lo incorrecto, el bien y el mal. A menudo, tenemos la tendencia de racionalizar nuestra conducta y transigir las normas de Dios para la integridad. Podemos justificar o ignorar estos pecados. Estos son los «vicios de los virtuosos»: pecados que han llegado a ser aceptados como algo normal. Pero Dios es santo, y no debemos permitir que la transigencia de cualquier pecado sea algo que se infiltre en nuestras vidas. Ya que Dios es luz, él nos revelará con gracia lo que tratamos de esconder, para que podamos crecer en integridad.

LA LUCHA POR LA INTEGRIDAD

1. Cuando entregó los diez mandamientos, ¿qué dijo Dios acerca de la necesidad de tener integridad u honestidad? (Levítico 19:11)

2. Lea en Romanos 7:15-20 acerca de la lucha de Pablo por ser íntegro. ¿De qué maneras se identifica usted con la lucha de Pablo?

3. Lea el conocido relato de la caída de Adán y Eva en Génesis 2:25–3:13. Enumere los siguientes pasos en el orden en que sucedieron.

   ___Vergüenza
   ___Desobediencia
   ___Esconderse
   ___Engaño
   ___Miedo

4. ¿Cuáles son algunas formas en que podemos ser engañados?

   a. Por nosotros mismos:

      Santiago 1:22 ___

      1 Juan 1:8 ___

   b. Por otros:

      Romanos 16:17-18 ___

      Efesios 4:14 ___

   c. Por Satanás

      Génesis 3:1 ___

      2 Corintios 11:3-4 ___

La oración auténtica nos llama a una honestidad rigurosa, a salir del escondite, a dejar de impresionar, a reconocer nuestra dependencia total en Dios y la realidad de nuestra situación pecaminosa. Es un momento de verdad cuando las defensas caen y las máscaras se quitan en un acto instintivo de humildad.

—BRENNAN MANNING, *Reflections for Ragamuffins* (Reflexiones para vagabundos)

5. Ya que podemos ser engañados tan fácilmente, ¿cómo podemos saber cuando hemos pecado o si nos estamos escondiendo inapropiadamente?

   Salmo 19:12

   Salmo 139:23-24

   Hebreos 4:12

LA FALTA DE INTEGRIDAD EXPUESTA

6. ¿Por qué es una tendencia humana esconderse? (Juan 3:19-21)

   ¿Qué hace la luz de Dios?

7. Debemos ser cuidadosos para evitar la hipocresía. Los fariseos del tiempo de Jesús nos dan ejemplos de cómo *no* tener integridad.

   a. ¿Qué sacó a la luz Jesús acerca de los hipócritas? (Marcos 7:6-8)

   b. ¿Cuál es una de las razones por las que este estilo de vida es deshonesto? (Romanos 2:23-24)

   c. ¿Qué hay de hipócrita en los que son descritos en 1 Juan 4:20?

8. Lea Hechos 5:1-5.

   a. ¿Por qué cree que Ananías dijo esta mentira?

b. ¿A quién le estaba mintiendo y quién lo influenció a mentir?

c. ¿Por qué cree que Dios lo tomó tan seriamente?

9. ¿Alguna vez le han mentido? ¿Cómo se sintió y cómo impactó esa mentira su relación con la persona?

10. Nuestra vida debería ser capaz de soportar un escrutinio cercano de otras personas. Debemos vivir honestamente y no pretender ser alguien que no somos para crear una falsa impresión. Imagine un invento que pueda decir cómo es realmente una persona y lo que está pensando.

    a. ¿Le gustaría que ese invento fuera usado en usted?

    b. ¿Por qué sí o por qué no?

11. Considere la siguiente lista de maneras comunes en que podemos comprometer nuestra integridad. ¿Son algunas de estas áreas un problema para usted? Coloque una marca al lado de las que lo son.

    ____ Vivir una vida doble
    ____ Decir mentiras piadosas
    ____ Decir una cosa pero hacer otra
    ____ Engañar
    ____ Manipular cómo lo consideran los demás
    ____ No cumplir promesas
    ____ Esconderse para protección propia
    ____ Copia o descarga ilegal
    ____ (otra) ____________

Como una persona de integridad, yo ya no me defino a mí mismo por mi pecado o por el pecado cometido en mi contra, sino por quién declara Dios que soy.

—BILL THRALL, *Leadership Catalyst, Inc.* (Catalizador de liderazgo, Inc.)

LA PRÁCTICA DE LA HONESTIDAD

12. Lea 1 Tesalonicenses 2:4-10. Enumere varias cosas que la integridad de Pablo impidió que hiciera en su relación con la gente de Tesalónica.

13. Medite en Hechos 24:16 y 2 Corintios 8:21. ¿Cuáles son algunas maneras prácticas con las que puede mantener su conciencia limpia ante Dios y los demás?

14. La honestidad debe ser demostrada en todos los aspectos de nuestra vida. Enumere a continuación algunas áreas que podríamos descuidar.

Romanos 13:6-7

Colosenses 3:23-25

1 Pedro 2:13-14

Considere estas dos normas esenciales para la honestidad:

- *Asegúrese de que todo lo que posee ha sido obtenido honestamente.*
- *Cuando hable, hable la verdad. No hay cosa tal como una «mentira piadosa».*

HONESTIDAD EN LA MANERA DE HABLAR

15. ¿Qué indica la manera en que habla? (Mateo 12:34-35)

¿Por qué cree que la gente esconde la verdad sobre ellos mismos?

16. Lea Santiago 3:8-10. ¿Qué tipo de poderes tiene su lengua?

¿De qué manera ilustra esto nuestra lucha por la integridad?

17. Edificamos confianza en las relaciones a través de nuestra integridad. Y erosionamos la confianza a través de nuestra deshonestidad. Considere Proverbios 26:28. ¿Cómo puede la mentira resultar en una falta de confianza? ¿Cómo se siente después de que alguien le miente?

a. ¿Cómo han erosionado su confianza las mentiras?

b. Piense en alguna ocasión cuando no dijo la verdad. ¿Cómo podría haber regresado a la luz de la verdad de Dios?

18. Cualquier distorsión de la verdad (en palabras, exageración, acciones, actitudes o silencio) es engañosa y una forma de mentira. ¿Por qué la mentira y el lenguaje abusivo son inconsistentes con la vida de un seguidor de Jesús? (Colosenses 3:8-10)

19. Escriba con sus propias palabras los siguientes pasajes.

Efesios 4:29

Colosenses 4:6

20. ¿Puede aplicar uno de los versículos de la pregunta 19 a una relación con alguien que conoce? ¿Qué hará? ¿Cuándo lo hará?

> ***La transparencia es simplemente revelarse uno mismo a otros. [...] En vulnerabilidad, usted se pone deliberadamente bajo la influencia de otros. [...] Usted les da el derecho de conocer el dolor de su debilidad y de cuidarlo. Escoge dejar que otros lo conozcan, tengan acceso a su vida, le enseñen e influyan en usted..***
>
> —BILL THRALL, *Ken McElrath y Bruce McNicol, Beyond Your Best* (MÁS ALLÁ DE LO MEJOR DE USTED)

21. Lea Santiago 5:16 y considere la cita anterior de *Beyond Your Best.*

a. ¿Cómo se vería si usted se revelara a sus relaciones cercanas siendo realmente honesto sobre quién es usted y quién no es?

b. Describa un momento en el que usted fue vulnerable (no solamente transparente) acerca de una de sus debilidades.

c. ¿Cuál fue el resultado cuando se puso con humildad bajo la influencia de alguien más?

VERSÍCULO SUGERIDO PARA LA MEDITACIÓN Y MEMORIZACIÓN

Efesios 4:29

No empleen un lenguaje grosero ni ofensivo. Que todo lo que digan sea bueno y útil, a fin de que sus palabras resulten de estímulo para quienes las oigan.

Efesios 4:29

REFLEXIONES PERSONALES

El camino a la integridad requiere que salgamos a la luz: vivir con la verdad, así como decir la verdad. ¿Qué le ha estado enseñando Dios a través de este estudio sobre su necesidad de crecer en integridad? ¿En quién confía para que vaya con usted en su camino?

> ***La búsqueda de ser más como Jesús no es una búsqueda de la perfección, sino la búsqueda de integridad y autenticidad.***
>
> —BILL THRALL, *Leadership Catalyst, Inc.* (Catalizador de liderazgo, Inc.)

RECUERDE ESTOS PUNTOS

Agregue una o dos oraciones a las siguientes declaraciones para resumir las cosas más importantes que aprendió de cada sección en este capítulo.

LA LUCHA POR LA INTEGRIDAD

El engaño crea una lucha y expone la necesidad de tener integridad.

LA FALTA DE INTEGRIDAD EXPUESTA

Nuestro objetivo no es una vida de perfección sin pecado, más bien es una vida donde nada se mantiene escondido.

LA PRÁCTICA DE LA HONESTIDAD

Dios nos llama a esforzarnos por una conciencia limpia ante él y los demás.

HONESTIDAD EN LA MANERA DE HABLAR

Nuestra manera de hablar expone y expresa nuestro corazón.

PROFUNDIZANDO

Ser honesto con uno mismo es difícil la mayoría de las veces. Lea el Salmo 51:6. ¿De qué maneras le está hablando verdad a sí mismo acerca de sus emociones, comportamiento, identidad, relaciones, carácter, y así sucesivamente? ¿Cómo está hablándole verdad a su vida una persona espiritualmente madura?

¿Por qué es difícil este camino a menudo? ¿Qué tan honesto se siente hoy?

CAPÍTULO

19

DESARROLLO DEL CARÁCTER EN EL SUFRIMIENTO

SI NUESTRO CARÁCTER es como el oro, no solo necesitaremos minería profunda, sino también refinería significante. Dios usa varios procesos para madurarnos al refinar y purificar nuestro carácter. Aun así, preguntas sin resolver nos pueden desequilibrar: «¿Dónde está la divina bondad en la miseria humana? ¿Por qué Dios no detiene el dolor, especialmente si parece inmerecido?».

Un creyente en Jesús no es inmune a la experiencia del sufrimiento y el dolor. Todas las personas experimentan enfermedad, tristeza, muerte, desilusión y dolor. Cuando nosotros como creyentes experimentamos dolor y sufrimiento, podemos encontrar consuelo y fuerzas en la promesa de Dios de que él está moldeando sus propósitos protectores y soberanos en nosotros, y podemos descansar en nuestra esperanza de gloria en la eternidad.

EL CONTROL FINAL DE DIOS

1. ¿Qué enseñan los siguientes versículos acerca de la perspectiva y el propósito de Dios?

   Isaías 45:5-7

   Isaías 46:9-11

   Estas verdades de la soberanía de Dios, ¿le dan consuelo o lo inquietan? Explique.

2. ¿Qué dijo José acerca de las circunstancias difíciles y personas problemáticas que enfrentó? (Génesis 50:20)

3. Lea Romanos 8:18 y 8:28.

   a. ¿Cuál fue la actitud y conclusión de Pablo?

   b. ¿Cómo puede esto ayudarlo a usted en todo lo que enfrenta?

4. ¿Puede describir una experiencia en su vida que en ese momento no pareció estar produciendo nada bueno, pero, más tarde, demostró ser de beneficio?

EL PROPÓSITO DEL SUFRIMIENTO

5. Lea Isaías 52:13–53:12.

   a. ¿En qué formas sufrió Cristo injustamente?

   b. ¿Cómo respondió él a este sufrimiento? (53:7)

   c. ¿En nombre de quién soportó este sufrimiento? (53:8, 11-12)

6. Ahora, aumente sus respuestas a las preguntas anteriores usando 1 Pedro 2:21-24.

¿Cómo lo afecta el sufrimiento de Cristo? (Versículo 21)

7. ¿Cuáles son algunas de las razones por las cuales Dios probó a los hijos de Israel?

Deuteronomio 8:2-3

Deuteronomio 8:16

Dios nos corteja. Es un beso extraño de Dios, lo opuesto del beso de Judas; un beso para restaurarnos y no para traicionarnos. El dolor se convierte en un pasadizo angosto que lleva a una intimidad única con el siervo sufriente.

—MARK BUCHANAN, *Your God Is Too Safe* (Su Dios es demasiado seguro)

8. ¿Cuáles son algunas otras maneras en que Dios trae bien del sufrimiento?

Juan 15:2

Hebreos 12:6-7, 10

1 Pedro 1:6-7

¿Cómo describiría el buen deseo de Dios para desarrollarnos y protegernos?

El duelo es bueno. Limpia. Deshace mi mundo, y esa es la mejor parte. Tengo que ser deshecho; simplemente deshecho. Sin reagruparnos. Necesitamos estar de luto; es la única manera en que nuestro corazón puede permanecer libre y vivo en este mundo. ¿Por qué? Porque eso, como ninguna otra cosa, detiene el constante lidiar. El duelo es el antídoto a la incesante demanda posesiva que tenemos por dentro.

—JOHN ELDREDGE, *The Journey of Desire* (El camino del deseo)

9. Reflexione sobre las palabras de Jesús en Juan 15:18-21.

   a. ¿Qué nos revela esto acerca de la actitud del mundo hacia Dios?

b. ¿Por qué podemos esperar esta respuesta? ______

c. ¿Cómo se siente respecto a esta realidad? ______

SU RESPUESTA AL SUFRIMIENTO

10. Lea Lucas 6:22-23 y 1 Pedro 4:12-13.

    a. ¿Qué tipos de sufrimiento podemos esperar?

    b. ¿Cómo nos debería afectar esto ahora y en el futuro?

11. Examine Santiago 1:2-4.

    a. ¿Cómo podemos desarrollar y madurar a través de las dificultades que enfrentemos?

    b. ¿Por qué es tan difícil enfrentar las pruebas con gozo?

    c. ¿Por qué podemos tener fe y confianza en este proceso?

12. Considere Juan 16:33 junto con 1 Pedro 4:19. La fe y confianza en Dios son centrales para poder perdurar a través del sufrimiento. ¿Qué confianza tenemos nosotros?

13. Lea Efesios 5:20 y 1 Tesalonicenses 5:18.

    a. ¿Cómo quiere Dios que respondamos en cada situación?

    b. ¿Por qué es importante esta respuesta?

c. A veces, nuestras respuestas al sufrimiento incluyen el enojo, el temor, la vergüenza y otras emociones. ¿Cómo puede usted ser emocionalmente auténtico y, a la vez, dar gracias a Dios por el sufrimiento?

14. Lea Filipenses 1:12-21.

a. ¿Cómo sufrió Pablo?

b. ¿Cuál fue su actitud?

c. ¿Cuáles fueron los resultados de su sufrimiento?

15. ¿Qué actitudes hacia el sufrimiento fueron demostradas por los siguientes hombres?

Los apóstoles: Hechos 5:40-41

Esteban: Hechos 7:59-60

Job: Job 1:20-22 (el trasfondo se encuentra en 1:6-19)

16. Cuando usted sufre, ¿alguna vez duda de Dios así como lo hizo Job (3:11, 20)? ¿Alguna vez cuestiona a Dios en cuanto a su...?

___Bondad
___Amor
___Poder
___Sabiduría
___Deleite en usted

MOMENTO DE ORACIÓN

DÍGALE A DIOS que usted lucha con él, y pídale que lo guíe hacia su corazón amoroso que es celoso por usted.

Nuestra manera de responder ante un problema determina nuestro nivel de madurez. Cada crisis es una oportunidad para desarrollar el carácter.

17. ¿Cuáles cree que son algunas maneras positivas o negativas en que podemos responder en medio del sufrimiento?

Respuestas positivas

Respuestas negativas

¿Qué revelan nuestras respuestas negativas?

18. Ahora lea los siguientes pasajes para ver qué más pueden estos añadir a sus respuestas.

Romanos 12:17-21

Hebreos 12:14-15

CRECER A TRAVÉS DEL SUFRIMIENTO

19. Lea Romanos 5:3-5. ¿Cómo puede desarrollarnos el sufrimiento?

20. ¿Qué puede producir en usted la disciplina amorosa de Dios? (Hebreos 12:10-11)

21. Lea 2 Corintios 1:3-4.

a. ¿Qué le dice este pasaje acerca de los beneficios del sufrimiento?

b. Nombre una persona que usted conoce que actualmente está pasando por un momento difícil.

c. ¿Qué puede hacer usted para animar a esa persona?

No hay sanidad profunda para nuestro dolor aparte de la presencia de Dios. El tiempo lo puede hacer más fácil, pero eso es todo. Cuando nuestro corazón esté roto, la buena noticia es que Dios nos invita a llorar libremente en el gran espacio de su amorosa presencia. Nuestro dolor no lo amenaza; no le da temor de que le arruinemos su reputación. Él no es rechazado por lo mal que nos sentimos. Aun cuando estamos tan adoloridos que no lo podemos soportar, seguimos siendo sus amados.

—SALLY BREELOVE, *Choosing Rest* (Escogiendo el descanso)

22. Medite en el Salmo 119:50, 71, 76, y en esta cita tomada de *Choosing Rest*. ¿Cómo ha influido el sufrimiento en su intimidad con Dios? ¿Cómo respondió el salmista al sufrimiento?

VERSÍCULO SUGERIDO PARA LA MEDITACIÓN Y MEMORIZACIÓN

1 Pedro 4:19

De modo que, si sufren de la manera que agrada a Dios, sigan haciendo lo correcto y confíenle su vida a Dios, quien los creó, pues él nunca les fallará.

1 Pedro 4:19

REFLEXIONES PERSONALES

Describa una experiencia o un momento doloroso de sufrimiento que padeció. ¿De qué manera profundizó esta experiencia su caminar con Dios? ¿Cómo puede esta experiencia ayudarlo a animar a otros?

RECUERDE ESTOS PUNTOS

Agregue una o dos oraciones a las siguientes declaraciones para resumir las cosas más importantes que aprendió de cada sección de este capítulo.

EL CONTROL FINAL DE DIOS

Dios está en control de las circunstancias que nos rodean.

EL PROPÓSITO DEL SUFRIMIENTO

Debemos esperar sufrir y madurar como resultado.

SU RESPUESTA AL SUFRIMIENTO

Dios quiere que aprendamos a confiar y ofrecer agradecimiento en todas las situaciones, aun en las difíciles.

CRECER A TRAVÉS DEL SUFRIMIENTO

El sufrimiento nos puede formar para los propósitos de Dios.

PROFUNDIZANDO

Opción A: Lea Romanos 8:17-25. Al considerar la perspectiva a largo plazo, ¿siente que para compartir la gloria de Cristo vale la pena compartir el dolor de sus sufrimientos? Explique.

Opción B: Ya que el sufrimiento es difícil de entender, es posible que escuchemos comentarios confusos de otras personas. Puede ser que unos conecten el sufrimiento con el pecado: «Su sufrimiento ha de ser a causa de algún pecado que cometió». Tal vez otros se enfoquen en cuánta fe tiene: «Si tuviera más fe, usted se sanaría». Quizás otros puede que vean una relación entre el problema y no seguir a Dios correctamente: «Si el Espíritu Santo lo estuviera guiando, sus problemas desaparecerían».

Pero ¿son estas perspectivas conformes a la Palabra de Dios? ¿Cómo quiere Dios que usemos nuestro dolor?

En la columna izquierda observe las ideas bíblicas acerca de las dificultades. Estos son solamente algunos ejemplos de lo positivo que puede resultar del sufrimiento. Luego, en la columna derecha, escriba brevemente cómo lo anima esto o alguna palabra de alabanza y agradecimiento que le quiera expresar a Dios.

LOS DESEOS DE DIOS PARA NOSOTROS	NUESTRA RESPUESTA
Confianza Somos barro (Isaías 64:8); él es el alfarero. Somos vasijas de barro (2 Corintios 4:7); él es poderoso en nosotros.	
Fuerza Somos débiles (2 Corintios 12:9-10); él nos da fuerza.	
Refinamiento y madurez El sufrimiento debe desarrollarnos (Romanos 5:3-5).	
Sin temor Podemos ser como un árbol lleno de fruto (Jeremías 17:8).	
Ministerio Podemos consolar a otros (2 Corintios 1:4). Podemos ser un ejemplo de esperanza para otros (1 Pedro 3:14-15).	

QUINTA PARTE

Fundamentos para la fe

OBTENIENDO LA PERSPECTIVA DE DIOS

EN ESTA QUINTA parte, investigará estas cinco áreas:

- *¿Quién es Dios?*
- *La autoridad de la Palabra de Dios*
- *El Espíritu Santo*
- *La guerra espiritual*
- *El regreso de Cristo*

A medida que su comprensión de la verdad bíblica crezca a través de estas realidades espirituales, podrá empezar a conectar las cosas desde el punto de vista de Dios.

El salmista dijo:

> *«Los que aman tus enseñanzas tienen mucha paz*
> *y no tropiezan».* SALMO 119:165

Conocer la verdad de Dios lo invitará a una experiencia más profunda con Dios mismo. Al profundizar en la Palabra viva de Dios y al responder a lo que él dice, usted experimentará paz en su corazón.

Al acercarse a las Escrituras con mente y corazón abiertos, alístese. Dios quiere que usted responda a cualquier cosa que él le muestre y reciba su influencia amorosa al contemplarlo. Vivir centrado en sí mismo, albergar pecados no confesados o falta de confianza impedirá que Dios le pueda enseñar y bendecirlo como él desea. Oremos para que Dios cambie su vida, junto con la de otros, mientras estudia su Palabra.

CAPÍTULO

20

¿QUIÉN ES DIOS?

A MEDIDA QUE NUESTRAS culturas se vuelven más y más pluralistas, abundan los conceptos diferentes y contradictorios sobre Dios. Por nuestra parte, nunca podremos crear un puente sobre lo desconocido para descubrir cómo es Dios en realidad. Nunca podremos conocerlo, a menos que él tome la iniciativa para revelarse a sí mismo. En la Biblia, Dios ha dejado una revelación escrita sobre su verdadera naturaleza, corazón, propósitos y relación con su creación. De tapa a tapa, las Escrituras abundan con reflexiones que desglosan la misma naturaleza del único, verdadero y trino Dios, quien dijo:

> ***«No hay otro Dios aparte de mí,***
> ***un Dios justo y Salvador;***
> ***fuera de mí no hay otro».*** ISAÍAS 45:21

¿CÓMO ES DIOS?

1. ¿Cuáles son algunos de los nombres de Dios registrados en las Escrituras?

NOMBRES DE DIOS	CÓMO SATISFACE NUESTRAS NECESIDADES LA IDENTIDAD DE DIOS	CÓMO ESO QUITA LOS TEMORES
Génesis 17:1		
Éxodo 34:14		
Salmo 95:6		
Lucas 11:2		
1 Timoteo 6:15		

2. Éxodo 34:14 revela que Dios nos ama celosamente. ¿Cómo se siente al saber que Dios tiene celos *por* usted (no celos *de* usted)?

El celo santo se halla en la médula de quién es Dios. En lo profundo de su ser arde un fuego inextinguible de amor llamado celo. Su celo es un gran fuego de pasión para proteger una relación de amor *que le es eternamente preciosa y para defenderla cuando se rompe. El celo divino es aquella energía incontrolable en Dios que lo mueve a tomar acción agresiva en contra de cualquier persona o cosa que se interponga en su intención de disfrutar a aquellos a quienes ama y desea. Esta siempre ha sido la motivación real detrás de sus juicios.*

—S. J. HILL, *The Burning Desire* (El deseo ardiente)

3. Lea Isaías 40:28 y 45:18-24. Enumere varias verdades acerca de Dios que se pueden descubrir en estos pasajes.

4. De las referencias a continuación, seleccione una para cada uno de los siguientes atributos de Dios. En el espacio disponible, resuma brevemente lo que cada versículo revela sobre Dios.

a. Salmo 90:2
b. Isaías 63:9-10
c. Jeremías 23:24
d. Jeremías 32:17
e. Santiago 1:17
f. Juan 4:24
g. 1 Juan 3:20
h. Isaías 45:21

___ Dios es todopoderoso (omnipotente)
___ Dios todo lo sabe (omnisciente)
___ Dios está en todos lados (omnipresente)
___ Dios es eterno
___ Dios es el único Dios
___ Dios nunca cambia (inmutable)
___ Dios tiene emociones
___ Dios es espíritu

5. ¿Qué cosas acerca de Dios provocaron que David lo adorara? (1 Crónicas 29:10-14)

MOMENTO DE ORACIÓN

TOME UN TIEMPO para adorar a Dios por ser quien es. Deje que cada frase de la oración de David sea su inspiración para adorar a Dios con sus propias palabras.

Vengan, adoremos e inclinémonos.
Arrodillémonos delante del SEÑOR, nuestro creador. SALMO 95:6

6. Su carácter debería reflejar el hecho de que fue creado a imagen de Dios. Para cada uno de los siguientes versículos, enumere un aspecto de la naturaleza de Dios e indique cómo esto debería reflejarse en su vida.

NATURALEZA DE DIOS	¿QUÉ ASPECTO DE LA NATURALEZA DE DIOS ES REVELADO?	¿CÓMO DEBERÍA SU VIDA REFLEJAR ESTE ATRIBUTO?
Deuteronomio 7:9		
Salmo 119:137		
Salmo 130:3-4		
1 Pedro 1:15-16		
1 Juan 4:16		

7. Una de las verdades más consoladoras en las Escrituras es la soberanía de Dios, quien es bueno. Eso significa que él está en control de todo y que sus obras son buenas. ¿Cómo afirman la soberanía de Dios los siguientes versículos?

   Proverbios 21:1 ______________________________

   Isaías 14:27 ______________________________

   Hechos 4:26-28 ______________________________

8. Los problemas de la vida generalmente tienen su origen en un concepto equivocado de Dios. No aceptar ni responder a cómo es Dios conduce a muchos conflictos. Por ejemplo, si usted no se apoya en el perdón de Dios, puede permanecer continuamente apesadumbrado por la culpa y la vergüenza. Escoja una verdad acerca de Dios de las enumeradas en las preguntas 1-6 y explique qué problemas pueden ocurrir si usted no está consciente, o simplemente no cree, en este aspecto de la naturaleza de Dios.

La Biblia declara que Dios no solo es un Espíritu y una Persona, sino que Dios es un Ser Santo y Justo. Desde Génesis hasta Apocalipsis, Dios se revela a sí mismo como Santo [...] y Dios Perfecto. [...] Es en la santidad de Dios que encontramos la razón de la muerte de Cristo. Su santidad requirió la sanción más severa por el pecado, y su amor suministró a Jesucristo para pagar esta sanción y proveer la salvación al hombre.

—BILLY GRAHAM, *Peace with God* (Paz con Dios)

9. Revise sus respuestas a las preguntas 1-7. ¿Cuáles atributos de Dios son los que más le tocan el corazón? Explique por qué.

   ¿Cuáles son los menos conocidos por usted o los que menos han influenciado la manera en que vive su vida diaria?

10. Debido a que es importante ser honesto con Dios, vamos a profundizar en esto. ¿Le gusta Dios? ¿O tiene luchas con Dios al enfrentar el sufrimiento humano? Si es así, ¿con cuáles atributos de Dios se encuentra luchando? Tome tiempo para conversar con Dios sobre sus luchas con él.

MOMENTO DE ORACIÓN

EL CAMINO DE intimidad profunda con el Dios trino y de adoración a él es un caminar que dura toda la vida. A medida que continúe su caminar con él, comenzará a notar una profundización en su experiencia de comprender cada uno de sus atributos. Pida a Dios que le revele su corazón. ¡Sus respuestas le llegarán mes tras mes y año tras año!

¿QUÉ HACE DIOS?

11. Cada uno de los siguientes versículos esboza una manera diferente en la que Dios se ha revelado al ser humano. Una cada versículo con la declaración correcta.

A través de los profetas	a. Salmo 40:7
En Cristo	b. Romanos 1:19-20
En la creación	c. Romanos 2:15
En la conciencia del ser humano	d. Hebreos 1:1
En la Biblia	e. Hebreos 1:2

De estas maneras que Dios utiliza para revelarse, ¿cuáles ha experimentado usted? Explique.

> ***Por causa del amor celoso de Dios por su pueblo, él nos va a liberar de la esclavitud de tratar de servirlo motivados por un temor nervioso. Él se va a revelar como el Novio hermoso y ganará nuestros corazones con su amor.***
>
> —S. J. HILL, *The Burning Desire* (El deseo ardiente)

12. Estudie Jeremías 31:3, Juan 3:16 y 1 Juan 3:1. Resuma lo que estos versículos enseñan acerca del amor de Dios.

¿Ha experimentado usted el amor de Dios?

¿QUÉ ESPERA DIOS DE USTED?

> ***El pensamiento más importante que alguna vez tuve fue el de mi responsabilidad personal con Dios.***
>
> —DANIEL WEBSTER

13. Haga un resumen de lo que enseña el Salmo 46:1-11 acerca de conocer y responder a Dios.

14. ¿Qué actitud del corazón desea ver Dios en usted? ¿Por qué es esto tan importante? (Salmo 51:16-17)

15. ¿Cuáles serían algunas de las cosas esenciales para conocer a Dios?

    Deuteronomio 10:12

    Isaías 50:10

Romanos 12:2 ____

____

Hebreos 11:6 ____

____

En todos sus tratos con nosotros, Dios trabaja por nuestro bien: en la prosperidad, él revela y desarrolla nuestra gratitud; en la mediocridad, nuestro contentamiento; en la desgracia, nuestra sumisión; en la oscuridad, y en todo tiempo, nuestra obediencia y confianza en él.

16. ¿Cuál fue el consejo de David para su hijo? (1 Crónicas 28:9)

____

____

17. Medite sobre 1 Crónicas 16:29.

    a. De su estudio de este capítulo, escriba una breve definición de la adoración. ¿Cómo podemos adorar a Dios en todo momento?

    ____

    ____

    ____

    b. Como seguidor de Jesús, ¿por qué cree usted que la adoración a Dios es algo vital?

    ____

    ____

    ____

    c. Compare este versículo con Deuteronomio 6:5. ¿Cómo se vería si usted adorara a Dios con todo su corazón, alma y fuerzas?

    ____

    ____

    ____

Sin duda el pensamiento más poderoso que la mente puede tener es pensar en Dios.

—A. W. TOZER, *The Knowledge of the Holy* (El conocimiento de lo santo)

VERSÍCULO SUGERIDO PARA LA MEDITACIÓN Y MEMORIZACIÓN

Juan 17:3

La manera de tener vida eterna es conocerte a ti, el único Dios verdadero, y a Jesucristo, a quien tú enviaste a la tierra.

Juan 17:3

REFLEXIONES PERSONALES

En nuestra vida, hay muchas cosas que pueden ocupar el lugar de Dios. Estas alternativas pueden dejarnos adormecidos. Llegar a despertar a una vida plena para vivir y adorar a Dios con todo nuestro ser es un recorrido significante.

Después de reflexionar sobre la siguiente cita, escríbale una carta a Dios y comparta con él cualquier cosa que esté buscando que pueda estar adormeciendo su alma. Después declare cómo le gustaría seguirlo más plenamente.

> *El alma adormecida requiere mayores y mayores niveles de estímulo para despertarla. Esta es, por supuesto, la caída en espiral de cualquier adicción. [...] Es por esto que la santidad no es insensibilidad; es sensibilidad. Es estar aún más atentos a nuestros deseos, a aquello para lo cual realmente fuimos hechos y, por lo tanto, lo que realmente anhelamos. Nuestro problema es que nos hemos acostumbrado a buscar la vida en toda clase de cosas aparte de Dios.*
>
> —JOHN ELDREDGE*

* John Eldredge, *The Journey of Desire* [El camino del deseo] (Nashville: Nelson, 2000), 175.

Revise los subtemas del capítulo y utilícelos como un bosquejo para escribir su propio resumen del capítulo.

PROFUNDIZANDO

En Génesis 1:26, Dios dijo, «Hagamos a los seres humanos a nuestra imagen, para que sean como nosotros». ¿A quién se refieren las palabras «nuestra» y «nosotros»? Estas palabras en la apertura de la Biblia son una clave sobre la misteriosa distinción que tiene nuestro Dios: que él es trino en su naturaleza (no tres Dioses separados, sino tres Personas en un solo Dios).

Lea Efesios 1:3-14 para entender mejor cómo cada miembro de la Trinidad hace su propia contribución. ¿Qué puede ver en los siguientes versículos?

Padre (versículos 3-6)

Hijo (versículos 7-13)

Espíritu Santo (versículos 13-14)

CAPÍTULO

21

LA AUTORIDAD DE LA PALABRA DE DIOS

JESÚS ES LA viva y amorosa expresión de Dios mismo hacia nosotros. De manera similar, la Biblia es la expresión escrita de Dios mismo y su voluntad para nosotros. Sin estas dos revelaciones vivas de Dios, no podríamos conocer a Dios ni saber cómo encontrar vida a través de él. Siendo que Dios mismo fue el autor de la Biblia y el Espíritu Santo está presente cuando la leemos, es completamente confiable y suficiente para formar nuestras convicciones y ayudarnos a vivir bien. Cuando enfrentamos decisiones que podrían amenazar nuestras pertenencias, carreras, familias o vida, podemos confiar en la Palabra de nuestro Dios confiable para que nos guíe a tomar decisiones sabias y verdaderas.

LA REVELACIÓN DE DIOS A TRAVÉS DE LAS ESCRITURAS

1. En los siguientes pasajes, ¿de qué manera los escritores de las Escrituras atribuyen sus palabras a Dios?

   Deuteronomio 28:1-2 ____________________

   2 Samuel 23:1-3 ____________________

   Jeremías 1:6-9 ____________________

   1 Tesalonicenses 2:13 ____________________

2. Lea 2 Timoteo 3:16-17. ¿Qué escribió Pablo acerca del autor divino de las Escrituras? ¿Cómo ayuda esto?

3. ¿Qué importancia le da Dios a su Palabra? (Salmo 138:2)

4. Considere Hebreos 4:12. ¿Qué cree usted que significa el hecho de que Dios, quien está presente en todo lugar, llame a su palabra «viva y poderosa»?

   ¿Cómo usa Dios su Palabra en su vida?

> ***Si es una palabra de Dios, tiene autoridad sobre las personas. Porque detrás de cada palabra que alguien pronuncia se encuentra la persona que la habla. Es el hablante mismo (su carácter, conocimiento y posición) quien determina cómo consideran las personas sus palabras. Por lo tanto, las palabras de Dios llevan la autoridad de Dios. Debido a quién es él es que creemos lo que ha dicho.***
>
> —JOHN R. W. STOTT, *Understanding the Bible* (Entendiendo la Biblia)

5. Lea el relato de la tentación de Jesús en Mateo 4:1-11.

   a. ¿Qué uso de las Escrituras hizo Jesús? (Versículo 10)

   b. ¿Cuánta consideración le dio Jesús a la oferta de Satanás antes de tomar su decisión? (Versículos 9-10)

   c. ¿De qué manera lidiaron con el asunto los versículos que Jesús citó?

   d. Si Jesús se colocó a sí mismo bajo la autoridad de las Escrituras, ¿qué implicación tiene esto para usted?

6. ¿Cómo usó Jesús las Escrituras en las siguientes situaciones?

   Marcos 7:6-9

   Marcos 12:24-27

   Lucas 10:25-28

7. ¿Por qué creyó Jesús que era necesario ir a la cruz? (Lucas 24:25-27)

> ***Las personas cuyas vidas están orientadas alrededor de Cristo no solo estudian la Biblia para ser más inteligentes. Ellas ven que cada página [de su Palabra] está manchada con la sangre carmesí de Jesús mismo. De repente, la Biblia no es simplemente un texto para ser estudiado sino una fuente de vida para una rama marchita.***
>
> —ERIC SANDRAS, *PhD, Buck-Naked Faith* (FE AL DESNUDO)

8. ¿Qué más dijo Jesús acerca de las Escrituras?

   Mateo 5:17-18

Mateo 7:24

Juan 17:17

9. Usando el material de las preguntas 5-8, escriba un párrafo corto explicando el punto de vista de Jesús de las Escrituras.

10. ¿De qué maneras es una ayuda para usted el ejemplo de Jesús?

La autoridad de las Escrituras es la autoridad de Cristo Jesús; ellos son indivisibles. Intentar distinguir entre los dos es como preguntar cuál cuchilla de la tijera es más importante, o cuál pierna del pantalón es más necesaria. Conocemos a Cristo a través de la Biblia, y entendemos la Biblia a través del conocimiento de Cristo. Los dos no pueden ser separados. Es por ello que Pablo lo llama «la palabra de Cristo».

—RAY STEDMAN, *parte 4 de un sermón sobre Efesios 6:14-17 titulado «Defense Against Defeat»* (Defensa en contra de la derrota)

NUESTRA CONFIANZA EN LAS ESCRITURAS

A causa de lo que Dios ha hecho por ellos, los seguidores de Jesús pueden apoyarse confiadamente en las Escrituras para todas las áreas de sus vidas.

11. Según los siguientes pasajes, ¿cuál es la base sobre la cual descansa su confianza en la Palabra de Dios?

Josué 23:14

Proverbios 30:5-6

12. De las declaraciones introductorias de Lucas a su Evangelio (1:1-4), ¿qué conclusión se puede sacar acerca de la fiabilidad de las Escrituras?

13. Lea 2 Pedro 1:15-21.

a. ¿Qué afirmación hace Pedro en el versículo 16?

b. ¿Qué experiencia extraordinaria tuvieron Pedro, Santiago y Juan? (Compare los versículos 17-18 con Mateo 17:1-9).

c. ¿Qué creyó Pedro que era más fiable que una voz del cielo? (Versículo 19)

d. ¿Por qué pensó que las profecías de las Escrituras eran tan confiables? (Versículo 20-21)

14. ¿Cuál profecía cumplida cree que provee la evidencia más convincente de la fiabilidad de las Escrituras? (Vea el capítulo 2 para una lista de algunas profecías bíblicas importantes).

15. ¿De qué manera el hecho de que el Espíritu Santo esté en los creyentes lo ayuda a usted a entender las Escrituras y obedecerlas, y así hacer que su fe se fortalezca?

Ezequiel 36:27

Lucas 24:45

1 Corintios 2:10-14

NUESTRA FUENTE DE VIDA

16. En su vida, ¿qué puede hacer la Palabra de Dios?

Salmo 37:31

Salmo 119:99, 105, 130

Juan 15:3

Hechos 20:32

Santiago 1:21

17. Lea Isaías 55:10-11. Note el paralelismo entre el agua y la Palabra de Dios. Piense sobre el proceso ilustrado y después anote cualquier idea nueva que tenga sobre cómo Dios cumple su Palabra.

18. Abra su Biblia en el Salmo 119 y empiece a leer en cualquier parte del capítulo. Mientras observa los beneficios de la Palabra de Dios (también conocidos como sus mandamientos, ordenanzas, decretos, enseñanzas, juicios y leyes), enumere cuatro o cinco de ellos a continuación.

La razón fundamental de la autoridad de las Escrituras descansa en el autor de ellas. Es nada menos que la Palabra de nuestro totalmente confiable Dios; por lo tanto, tiene completa autoridad. ¿Desea tener una fe más grande y más amor hacia Dios? Entonces busque un mayor conocimiento vivo de la Palabra de Dios. Su concepto de Dios y de la autoridad de las Escrituras se mantendrán firmes o caerán juntos.

19. ¿Qué decepcionó a Jesús acerca de la gente de su tiempo ?

Lucas 6:46

Lucas 24:25

20. En Deuteronomio 32:45-47, ¿cuál fue la advertencia y promesa de Moisés respecto a la Palabra de Dios?

21. ¿Qué principios ve en el Salmo 119:59-60 que se relacionan con la aplicación de las Escrituras en su vida?

22. Aquí hay un buen plan a seguir para dar pasos específicos para aplicar la Biblia:

- *Declare lo que las Escrituras dicen acerca de algún área de su vida.*
- *Diga con honestidad cómo se encuentran su vida y su corazón en esta área.*
- *Describa lo que va a hacer para lograr que su vida se conforme a la Palabra de Dios.*
- *Especifique algunos pasos prácticos que dará para revisar su progreso e identifique a alguien que lo pueda ayudar.*

Ahora, use este plan:

a. De las Escrituras en este capítulo, ¿qué pasaje ha tocado algún área de necesidad en su vida? Explique lo que significa el pasaje para usted.

Número de la pregunta: ______ Referencia de las Escrituras: ______

Copie el versículo aquí:

b. Explique lo que este pasaje significa para usted.

c. ¿Qué mejora es necesaria en su vida y su corazón en esta área?

d. ¿Qué pasos específicos puede tomar para que haya mejoría en esta área? ¿Quién lo ayudará?

e. ¿Cómo sabrá cuando haya alcanzado su meta?

23. Según Juan 20:30-31, ¿cuál es propósito fundamental de la Palabra de Dios?

A la luz de ese propósito, ¿está usted verdaderamente comprometido a seguir a Dios y obedecer su Palabra? ¿Qué puede estarlo frenando?

VERSÍCULO SUGERIDO PARA LA MEDITACIÓN Y MEMORIZACIÓN

Hebreos 4:12

La palabra de Dios es viva y poderosa. Es más cortante que cualquier espada de dos filos; penetra entre el alma y el espíritu, entre la articulación y la médula del hueso. Deja al descubierto nuestros pensamientos y deseos más íntimos.

Hebreos 4:12

REFLEXIONES PERSONALES

¿De qué manera habría sido diferente la vida (la suya y la de todos los demás) si Dios nunca hubiera hablado con la humanidad? Anote sus reflexiones.

RECUERDE ESTOS PUNTOS

Revise los subtemas del capítulo y utilícelos como un bosquejo para escribir su propio resumen del capítulo.

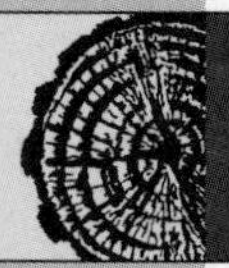

PROFUNDIZANDO

A fin de cuentas, someterse a la autoridad y suficiencia de las Escrituras involucra confianza. ¿Confía en que Dios se revelará a usted en las Escrituras y le mostrará cómo vivir bien? Anote las preguntas que pueda tener sobre la autoridad y suficiencia de las Escrituras. Pídale a Dios que le dé respuestas a estas preguntas en el transcurso de las próximas semanas y meses.

CAPÍTULO

22

EL ESPÍRITU SANTO

LA BIBLIA EXPLICA el tipo de relación que pueden tener los seguidores de Jesús con el Espíritu Santo. En la Biblia, este miembro del Dios trino tiene varios nombres, incluyendo: Consejero, Espíritu de verdad, Espíritu de Cristo, Espíritu de Jesús y Espíritu de Dios.

¿QUIÉN ES EL ESPÍRITU SANTO?

1. ¿Qué actividades o características del Espíritu Santo se mencionan en los siguientes versículos?

   Hechos 13:2

   1 Corintios 2:10

   1 Corintios 2:12-13

   1 Corintios 12:4, 11

   Efesios 4:30

   ¿Indican estos versículos que el Espíritu Santo es una persona real (aunque incorpórea)? Explique.

2. ¿Qué indicios hay en los siguientes versículos de que el Espíritu Santo es Dios?

   Génesis 1:2

   Salmo 139:7-8

   Hebreos 9:14

> *Una cualidad perteneciente al Espíritu Santo, de gran interés e importancia para todo corazón indagador, es su capacidad penetradora. Él puede penetrar la materia, como el cuerpo humano; puede penetrar la mente; puede penetrar otro espíritu, como el espíritu humano. Puede conseguir una total penetración de y una real mezcla con, el espíritu humano. Puede invadir el corazón humano y hacer lugar para sí sin expulsar nada esencialmente humano. La integridad de la personalidad humana permanece sin daños. Solo el mal moral se ve obligado a retirarse.*
>
> —A. W. TOZER, *La conquista divina*

3. Considere esta cita. ¿Cómo sabe usted que el Espíritu Santo ha penetrado su corazón y que ahora mora allí?

LA TRINIDAD

En Génesis 1:26, leemos «Hagamos a los seres humanos a nuestra imagen». Dios existe como tres personas (referidas como la Trinidad). Aun así, él es uno. Esta idea se desarrolla progresivamente a través de las Escrituras. Las tres personas de la Trinidad son Dios el Padre, Dios el Hijo y Dios el Espíritu Santo. Estos tres son uno en sustancia y funcionan en perfecta armonía.

El ser humano no puede comprender completamente a Dios, especialmente la revelación de sí mismo como la Trinidad. Sin embargo, vemos unidad con diversidad en todas las partes de la creación de Dios, todo lo cual, hasta cierto grado, ilustra la maravillosa naturaleza de Dios: un Dios en tres personas.

- *El Padre es Dios invisible (Juan 1:18).*
- *El Hijo es Dios revelado (Juan 1:14-18; Hebreos 1:1-4).*
- *El Espíritu Santo es Dios trabajando en las personas (Juan 16:8; 1 Corintios 2:10-11; 6:19-20).*

(Otros pasajes que enseñan acerca de la Trinidad son Mateo 3:16-17; 28:19; Juan 14:16; 2 Corintios 13:14; y 1 Pedro 1:2).

¿QUIÉN TIENE AL ESPÍRITU SANTO?

El Espíritu Santo es parecido al viento. Jesús dijo: «El viento sopla hacia donde quiere. De la misma manera que oyes el viento pero no sabes de dónde viene ni adónde va, tampoco puedes explicar cómo las personas nacen del Espíritu» (Juan 3:8). El término griego *pneuma* es usado aquí para ambas palabras, Espíritu y viento.

4. ¿De qué manera está involucrado el Espíritu Santo en cada nacimiento espiritual cuando alguien confía en Jesús?

   Juan 3:5-6, 8 ______________________________

   Efesios 1:13-14 ______________________________

   Tito 3:5 ______________________________

5. ¿Qué le ha sucedido a cada miembro del cuerpo de Cristo? (1 Corintios 12:13)

6. Lea Romanos 8:9-14. ¿Qué declaraciones indican que cada creyente ha recibido al Espíritu Santo?

7. A pesar de sus vidas imperfectas, ¿qué les recordó Pablo a los creyentes en Corinto? (1 Corintios 3:16)

8. Revise su respuesta a la pregunta 18 en el capítulo 4. ¿Cómo han sido fortalecidas sus convicciones con respecto a la presencia del Espíritu Santo en su vida?

LA OBRA DEL ESPÍRITU SANTO

9. Lea Juan 16:7-15.

   a. ¿Qué está haciendo hoy el Espíritu de Dios? (Versículos 8-11)

   b. ¿Qué está haciendo por los creyentes? (Versículo 13)

   c. ¿En quién o sobre qué hace hincapié? (Versículos 14-15)

10. Lea Gálatas 5:22-25. Estas son las señales indicadoras de que el Espíritu Santo está presente. ¿Cuál de estos frutos ha sido más evidente en su vida en las semanas y los meses recientes? (Compare con Juan 15:5).

11. Romanos 8 describe la liberación de la esclavitud, lo que resulta en una vida transformada para seguir a Jesús. ¿Cómo lo ayuda el Espíritu Santo en su caminar con Dios?

    Versículo 2

    Versículos 14-16

    Versículo 26

Todos tenemos el hábito, antes de leer las Escrituras o escuchar un sermón, de pedir al Espíritu que abra nuestro entendimiento. Pero rara vez (si es que alguna) le pedimos al Espíritu que nos revele más de Dios cuando examinamos una hoja, una roca, un pájaro, un niño, una pintura, una escultura o un poema.

—MARK BUCHANAN, *Your God Is Too Safe* (Su Dios es demasiado seguro)

12. ¿Qué papel tuvo el Espíritu Santo en el trabajo ministerial de Pablo?

Hechos 13:2-4

Hechos 16:6-7

1 Corintios 2:4

MOMENTO DE ORACIÓN

CONSIDERE Efesios 3:16-19. ¿De qué manera ha sido usted fortalecido por el Espíritu Santo para comprender el amor de Cristo? Tome un momento ahora para orar por este tipo de poder para usted y para otros.

LOS DONES DEL ESPÍRITU SANTO

13. Un pasaje fundamental sobre el tema de los dones espirituales es 1 Corintios 12–14. Basándose en 1 Corintios 12, responda las siguientes preguntas.

    a. ¿Cuántos creyentes han recibido un don (una habilidad espiritual) del Espíritu Santo? (Versículos 7, 11)

    b. ¿Quién decide cuáles dones son dados al creyente? (Versículos 11, 18)

    c. ¿Para qué propósito son dados estos dones? (Compare el versículo 7 con 1 Pedro 4:10).

    d. ¿Por qué hay una variedad de dones en el cuerpo? (Versículos 14-20)

    e. ¿Quiere Dios que todos tengan los mismos dones? (Versículos 28-30)

f. ¿Cuáles son los dones mencionados en este capítulo? (Versículos 8-10, 28-30)

14. ¿Qué otros dones son mencionados en Romanos 12:6-8 y Efesios 4:11?

15. ¿Cuál es una manera en que usted ha podido ayudar a otros de manera efectiva?

Quizás lo que haya anotado sea un don del Espíritu Santo. Hágase estas preguntas:

- *¿Está usando Dios esto de maneras especiales para bendecir a otros?*
- *¿Tengo un sentir gratificante de que Dios está trabajando a través de mí?*
- *¿Hay unidad y crecimiento espiritual como resultado de esta actividad?*

¿Cómo puede usted servir a otros con su posible don espiritual?

¿Cómo puede usted desarrollar más su habilidad para ayudar a otros?*

¿Por qué… nos da dones espirituales el Espíritu Santo? Estos son dados para la obra del ministerio y son* simples herramientas *para usar con ese fin. Nunca deberían ser motivo de orgullo personal de parte de quienes los poseen, ni deberían considerarse señal de madurez… Si Dios decide darnos dones espirituales que nos capacitan para la obra, entonces debemos agradecerle por eso, y orar para pedirle que nos guarde de sentir orgullo por dones que nos han sido dados libremente y con gracia, y que no los ganamos.

—WAYNE GRUDEM, *Systematic Theology* (Teología sistemática)

16. Si alguien lo animara a buscar un don particular del Espíritu Santo, ¿qué pautas bíblicas tomadas de 1 Corintios 12–14 podría usar para determinar su respuesta?

* Recomendamos un recurso en inglés llamado *Breakthru: A Spiritual Gifts Diagnostic Inventory* [Breakthru: un inventario diagnóstico de dones espirituales]. Lo puede encontrar a través de LEAD consulting, P.O. Box 32026, Raleigh, NC 27622; teléfono: 1-919-783-0354; https://leadconsulting-usa.com.

¿Tiene ganas de descubrir sus dones espirituales? Dios se los revelará a medida que usted crezca espiritualmente y viva una vida que refleje a Cristo. Recuerde, usted debe demostrar todos los *frutos* del Espíritu, pero no poseerá todos los *dones* del Espíritu.

SU RESPONSABILIDAD

17. Lea Efesios 5:18-21.

    a. ¿Cuál es el mandamiento de Dios referente al Espíritu Santo? (Versículo 18)

    b. Enumere varios resultados de haber sido llenado del Espíritu. (Versículos 19-21)

    c. ¿Cree usted que es posible estar medio lleno del Espíritu? Explique.

18. En Efesios 5:18, ¿con qué es comparado el estar lleno del Espíritu Santo? ¿De qué manera son similares estos dos estados, y de qué manera son diferentes?

SIMILARES	DIFERENTES

19. ¿Cuáles son algunos de los otros resultados de estar lleno del Espíritu?

Hechos 4:31 ______

Hechos 11:24 ______

Romanos 5:5 ______

20. En su relación con el Espíritu Santo, ¿contra qué se le advierte?

Efesios 4:30 ______

1 Tesalonicenses 5:19 ______

21. Mire los versículos que rodean Efesios 4:30.

a. ¿Se ha sentido entristecido alguna vez? Si la respuesta es sí, explique cuál fue su experiencia con esta emoción poderosa.

b. ¿Qué cree usted que significa que el Espíritu Santo puede ser entristecido?

c. ¿Cuáles son algunas de las cosas que entristecen al Espíritu Santo?

d. ¿Cómo lo hace sentir el hecho de que puede tocar el corazón de Dios de tal modo que haría entristecer al Espíritu Santo?

e. ¿Hay algo en su vida que entristece al Espíritu Santo?

f. ¿Qué pasos necesita tomar para quitar eso de su vida?

VERSÍCULO SUGERIDO PARA LA MEDITACIÓN Y MEMORIZACIÓN

Efesios 1:13-14

Cuando creyeron en Cristo, Dios los identificó como suyos al darles el Espíritu Santo, el cual había prometido tiempo atrás. El Espíritu es la garantía que tenemos de parte de Dios de que nos dará la herencia que nos prometió y de que nos ha comprado para que seamos su pueblo. Dios hizo todo esto para que nosotros le diéramos gloria y alabanza.

Efesios 1:13-14

REFLEXIONES PERSONALES

Al considerar el rol del Espíritu Santo en su vida, indique cómo ha experimentado su presencia, poder y consejo:

En su vida diaria:

En sus decisiones:

En las metas para su vida:

RECUERDE ESTOS PUNTOS

Revise los subtemas del capítulo y utilícelos como un bosquejo para escribir su propio resumen del mismo.

PROFUNDIZANDO

Al reflexionar sobre el hecho de que el Espíritu Santo mora en usted (1 Corintios 6:19; Efesios 1:13-14; Efesios 2:22), ¿cómo se siente al saber esta verdad? ¿Qué efectos produce en usted saberlo?

CAPÍTULO

23

LA GUERRA ESPIRITUAL

EN NUESTRA VIDA espiritual no tenemos otra opción que involucrarnos con fuerzas invisibles. ¿Por qué? Porque Satanás y sus demonios están en una lucha a muerte. Ellos se oponen ferozmente a Dios y al amor del corazón de Dios: la gente. Esta batalla entre dos reinos es por los corazones y las mentes de las personas. El diablo es feroz, despiadado y le encanta destruir (Juan 10:10). ¡Él quiere robarle el corazón y aplastar su alma! Ataca su historia de amor con Dios y la historia de amor de los demás. Y como si nuestra lucha contra el pecado no fuera suficiente, este enemigo usa nuestro propio pecado contra nosotros. Nuestra seguridad es que Jesús lucha victoriosamente por todos los que lo aman. Dios mismo es un amante fiero y celoso. Se nos pide unirnos a esta batalla con la seguridad de que «a pesar de todas estas cosas, nuestra victoria es absoluta por medio de Cristo, quien nos amó» (Romanos 8:37).

DOS REINOS

1. Medite en Efesios 2:2-3 y 2 Corintios 4:4.

    a. ¿Quién tiene poder temporal en este mundo?

    b. ¿Cómo se describe este reino?

    c. ¿Cuál es al menos un aspecto de esta descripción con el que usted puede identificarse?

2. ¿Cuál es el destino final de Satanás y su reino? (Apocalipsis 16:10-11, 20:7-10)

    ¿Cuál es el destino final de Cristo y su reino? (1 Corintios 15:22-24)

3. ¿Cuál reino tiene más poder y autoridad? (Mateo 28:18; 1 Juan 4:4)

> ***[Como seguidor de Jesús] usted no lucha por la victoria; lucha* desde *una posición de victoria. No dice: «Voy a tratar de salir victorioso sobre Satanás hoy».***
>
> ***En vez de eso, dice: «Jesucristo ya ha sido victorioso sobre Satanás. Así que hoy, por fe, yo voy a vivir en la autoridad de Cristo, y confiar en que su sangre me dará el poder sobre cualquier ataque del maligno». Eso es autoridad.***
>
> —TONY EVANS, *The Battle is the Lord's* (La batalla es del Señor)

NUESTRA BATALLA

4. Lea el relato de la confrontación de Jesús con Satanás en Lucas 4:1-13.

    a. ¿Cuál era la condición física de Jesús cuando apareció el diablo?

    b. ¿A cuáles deseos apeló Satanás en las tres tentaciones?

c. ¿Tiene usted alguno de estos deseos? De ser así, ¿cómo ha enfrentado esas tentaciones?

5. ¿De qué manera describió el apóstol Pablo la vida de un seguidor de Jesús en Efesios 6:10-13?

Considerando este pasaje, ¿cuáles son algunas verdades sobre su batalla espiritual?

CONOZCA A SU ENEMIGO

Conocer al enemigo es tan importante para un creyente como para un comandante militar: ambos están involucrados en una batalla.

6. ¿Cómo es retratado Satanás en 1 Pedro 5:8?

¿De qué manera práctica debería usted responder? (Versículo 9)

7. ¿Qué nombres se le dan al enemigo en Apocalipsis 12:9-10?

¿Qué hace el enemigo?

8. Satanás se ocupa continuamente de sembrar dudas sobre la Palabra de Dios, desacreditar al Hijo de Dios y destruir a los seguidores de Jesús. ¿Cómo desacreditó Satanás la Palabra de Dios cuando engañó a Eva? (Génesis 3:1-5)

9. ¿Qué se puede aprender acerca de Satanás y sus engaños en los versículos siguientes?

Lucas 8:12

Juan 8:44

2 Corintios 4:3-4

2 Corintios 11:3

2 Corintios 11:14

¿Qué tipo de padre es el Diablo para quienes aceptan sus mentiras? (Nota: En Juan 8:33-45, Jesús confrontó a los judíos no creyentes que afirmaban que Dios era Padre de ellos. Estos judíos habían caído bajo la influencia engañosa de Satanás y estaban tratando de matar a Jesús).

10. Lea Efesios 4:26-27. Al considerar la naturaleza de Satanás y sus engaños variados, ¿cómo cree que ha influido en su vida en el pasado, quizás acusándolo, decepcionándolo o aprovechándose de su pecado?

> *Satanás vino a Eva con un ataque sutil que puso en duda a la autoridad de la Palabra de Dios. Le fue tan bien en el jardín de Edén que ha estado usando la misma estrategia desde entonces. [...]*
>
> *Dudar de la Palabra de Dios es un truco del diablo para hacer que pase por alto y desprecie la bondad de Dios. [...]*
>
> *Dios quiere que nos acerquemos a él con alabanza y agradecimiento porque él ha puesto muchos árboles cerca para que los disfrutemos. Pero Satanás siempre tratará de mantener nuestro enfoque en el único árbol que no podemos tener.*
>
> —TONY EVANS, *The Battle Is the Lord's* (La batalla es del Señor)

EL CONFLICTO CON EL PECADO

11. ¿Cómo describen al pecado los siguientes versículos?

Isaías 1:2

1 Juan 3:4

12. Pecar es violar la ley de Dios y, por lo tanto, romper la confianza con él. Amplíe esta definición después de ver el resumen de la ley que hizo Jesús en Mateo 22:37-40.

13. Lea Santiago 4:1-4, 7.

    a. ¿Dónde se origina la hostilidad? (Versículos 1-3)

    b. ¿Qué compite con su devoción a Dios? (Versículo 4)

    c. ¿Lo ayuda este pasaje a explicar cualquier conflicto que tiene? Si es así, explíque.

    d. En la práctica, ¿cómo puede resistir a Satanás cuando trata de sacar provecho de su pecado?

14. Pablo enseñó que para evitar ser moldeado a la manera del mundo, debemos cambiar nuestra manera de pensar (Romanos 12:2). Compare esta declaración con Filipenses 4:6-8. Luego, escriba un párrafo corto sobre lo que significa ser moldeado según este mundo y lo que significa ser renovado en su mente y su corazón.

15. ¿Qué se le promete a la persona que resiste exitosamente la tentación? (Santiago 1:12)

LA VICTORIA ASEGURADA

16. Según Hebreos 2:14-15, ¿qué significó para Satanás la muerte de Cristo en la cruz?

¿Qué significó para los hombres?

Y así, el testimonio del Nuevo Testamento es claro. Satanás es una realidad maligna, siempre hostil con Dios y con el pueblo de Dios. Pero ya ha sido derrotado en la vida, muerte y resurrección de Cristo, y esta derrota será evidente y completa al final de los tiempos.

—L. L. MORRIS, *New Bible Dictionary* (Nuevo diccionario de la Biblia)

17. Según los siguientes versículos, ¿cuáles son las bases para la victoria?

1 Juan 2:14

1 Juan 4:4

1 Juan 5:4-5

MOMENTO DE ORACIÓN

MEDITE EN 1 Corintios 15:57 como una oración personal. Tome un momento para agradecerle a Dios por su seguridad de una victoria diaria en Jesucristo.

¿Hay áreas en su vida con las que parece luchar constantemente, como las adicciones, la pornografía, la ira o la mentira? Resista cualquier influencia de Satanás en su vida. Considere pedirles a algunos otros creyentes que oren por usted y que lo acompañen en esta lucha.

LA VICTORIA DIARIA

18. De Apocalipsis 12:11, enumere tres factores que le dan victoria sobre Satanás. ¿Por qué cree que cada uno de ellos es importante?

FACTOR PARA LA VICTORIA	¿POR QUÉ ES IMPORTANTE?

19. De Efesios 6:14-18, enumere el equipo del guerrero espiritual. ¿Qué pasos prácticos le permitirán usar estos artículos en su vida diaria?

EQUIPO	PASOS PRÁCTICOS

a. ¿Cuál de estos artículos cree que es el más destacado en su vida?

b. ¿Cuál de estos artículos cree que le hace más falta en su vida?

c. ¿Qué cree que debería hacer acerca de esto?

20. ¿Qué puede hacer cada día para disfrutar la victoria sobre el pecado?

Salmo 86:3

Salmo 119:9-11

Lucas 9:23

Hebreos 3:13

21. ¿Qué debería hacer cuando ha pecado? (Salmo 32:5)

22. Lea el Salmo 103:9-14. Describa la actitud de Dios hacia todos los pecados que ha cometido.

¿Cómo responde usted a la actitud de Dios hacia el pecado suyo?

VERSÍCULO SUGERIDO PARA LA MEDITACIÓN Y MEMORIZACIÓN

1 Pedro 5:8-9

¡Estén alerta! Cuídense de su gran enemigo, el diablo, porque anda al acecho como un león rugiente, buscando a quién devorar. Manténganse firmes contra él y sean fuertes en su fe. Recuerden que su familia de creyentes en todo el mundo también está pasando por el mismo sufrimiento.

1 Pedro 5:8-9

REFLEXIONES PERSONALES

Recuerde un momento en el que resistió a Satanás y él huyó de usted (Santiago 4:7). O recuerde un momento en que experimentó algún aspecto de lucha espiritual o intensa tentación. ¿Qué aprendió de ellas?

RECUERDE ESTOS PUNTOS

Revise los subtemas del capítulo y utilícelos como un bosquejo para escribir su propio resumen del mismo.

PROFUNDIZANDO

En el mundo actual, a menudo el mundo demoníaco es trivializado, aun cuando la Palabra de Dios explica esta realidad. En el siguiente cuadro observe algunos de los diversos nombres que son dados a Satanás:

NOMBRES/TÉRMINOS PARA SATANÁS	NATURALEZA
1. Satanás	Adversario; opositor
2. Diablo (hebreo)	Cabra peluda o sátiro
3. Diabolos (griego)	Calumniador
4. Beelzebú	Señor de las moscas; genio que preside sobre la corrupción
5. Serpiente (hebreo)	Sisea; brilla
6. Asesino	Pasión por destruir y matar
7. León rugiente	Acecha a su presa sigilosamente y sin piedad
8. Mentiroso	Todo lo que hace es falso, malo y siniestro; habla mentiras
9. Tentador	Incita al mal; merodea para encontrar y explotar el punto débil
10. Acusador de los creyentes	Crítico malévolo*
11. El maligno	
12. Engañador	
13. Dragón	
14. Enemigo	
15. Dios de esta época	

¿Cómo puede ser peligroso para un seguidor de Jesús restarle importancia al mundo demoníaco?

¿Qué efectos satánicos ha observado o experimentado usted?

¿Cuáles cree que son algunas de las maneras más efectivas en que podemos estar protegidos contra el maligno?

* Los nombres anteriormente mencionados han sido adaptados de J. Oswald Sanders, *Satan Is No Myth* [Satanás no es un mito] (Chicago: Moody, 1983), 25–34.

CAPÍTULO

24

EL REGRESO DE CRISTO

DESDE EL TIEMPO de los primeros seguidores de Jesús, el regreso de Cristo ha sido la prometida esperanza de cada creyente. Cada generación se ha preguntado: «¿Será pronto?». El regreso de Cristo es mencionado por cada escritor del Nuevo Testamento, y estos escritores se refieren al regreso más de trecientas veces en veinte libros diferentes.

> *En medio del pesimismo, la melancolía y la frustración de esta hora, hay un faro de luz brillante de esperanza, y esa es la promesa de Jesucristo: «Cuando todo esté listo, volveré para llevarlos, para que siempre estén conmigo donde yo estoy» (Juan 14:3).*
>
> —BILLY GRAHAM, *World Aflame* (El mundo en llamas)

LA PROMESA DE SU REGRESO

1. Lea Juan 14:1-3. ¿Qué les prometió Jesús a sus discípulos? (Fíjese en las tres partes de la promesa).

2. Después que Jesús ascendió al cielo, ¿cómo describieron los dos ángeles el regreso prometido? (Hechos 1:9-11). ¿Cómo cree que esta promesa afectó la fe de los discípulos de Jesús?

3. En los siguientes versículos, ¿qué dijo Jesús acerca de su regreso?

   Mateo 16:27

   Mateo 24:27

   Marcos 13:26-27

   Lucas 12:40

4. ¿Cómo se refiere Pablo al regreso de Cristo en cada capítulo de su primera carta a los tesalonicenses?

   1:9-10

   2:19

   3:12-13

   4:16-18

   5:2-6

LAS CONDICIONES PREVIAS A SU REGRESO

5. En Mateo 24 y 25, Jesús da muchos detalles y advertencias acerca de su regreso. Si tiene tiempo, lea ambos capítulos. Las siguientes preguntas son tomadas del capítulo 24.

a. ¿Qué eventos ocurrirán en la tierra antes de que él regrese? (Versículos 6-7)

b. A pesar del engaño y el mal por todos lados, ¿qué estarán haciendo los verdaderos seguidores de Cristo? (Versículos 12-14)

c. ¿Cómo debería responder usted si alguien le dice que Cristo ha regresado y está llevando a cabo grandes milagros en alguna ciudad? (Versículos 23-26)

d. ¿Qué señales serán vistas en el cielo? (Versículo 29)

e. ¿Quién sabe el momento exacto del regreso de Cristo? (Versículo 36)

f. ¿Qué estará haciendo la gente? (Compare los versículos 37-39 con Génesis 6:5, 11-13).

6. ¿Qué caracterizará a la gente que viva en los últimos tiempos?

   1 Timoteo 4:1-2

   2 Timoteo 3:1-5

7. ¿Qué ideas serán populares en los últimos días?

   1 Tesalonicenses 5:3

   2 Pedro 3:3-4

   ¿Ve usted algunas de estas condiciones o enseñanzas en el mundo hoy? Explique.

No es difícil recordarnos a nosotros mismos que este mundo es un lugar en el que inevitablemente experimentaremos problemas. Sentimos a diario las tensiones del mundo a nuestro alrededor y dentro de nosotros. Regularmente enfrentamos la tensión de las presiones materiales, sexuales, relacionales y personales para ceder a los placeres que este planeta caído ofrece.

Sin embargo, Cristo nuestro Rey nos llama a la paz *en él y a una* confianza *que supera la presión y el dolor de este mundo. Y si la paz y la confianza son nuestras, entonces no tenemos nada que temer ni razón alguna para sentirnos desalentados, especialmente porque eternamente estaremos libres de la tensión y los problemas.*

—JOSEPH M. STOWELL, *ETERNITY* (LA ETERNIDAD)

LOS ACONTECIMIENTOS DE SU REGRESO

Hay muchas ideas diferentes en relación con el orden de los acontecimientos del regreso de Cristo. Este estudio busca identificar los acontecimientos mayores, sin intentar establecer su orden.

8. Lea 1 Tesalonicenses 4:13-18.

   a. Enumere los acontecimientos que sucederán cuando Cristo regrese. (Versículos 16-17)

   b. ¿Cuánto tiempo estaremos con él? (Versículo 17)

   c. ¿Qué deberíamos hacer con estas verdades? (Versículo 18)

9. Lea 2 Tesalonicenses 2:1-4, 8. ¿Qué tipo de persona es el Anticristo (el «hombre de anarquía»), y qué le ocurrirá?

10. En la venida de Cristo, ¿qué sucederá con los creyentes?

    1 Corintios 15:22-23

    Filipenses 3:20-21

    Colosenses 3:4

    2 Timoteo 4:8

1 Juan 3:2

11. De 1 Corintios 15:42-44, haga una comparación entre su cuerpo terrenal y su cuerpo celestial.

TERRENAL	CELESTIAL

12. Lea 2 Tesalonicenses 1:6-10.

    a. ¿Qué significará el regreso de Cristo para los no creyentes?

    b. ¿Para los creyentes?

    c. ¿Para usted?

13. ¿Qué más sucederá con los creyentes en el regreso de Cristo?

    1 Corintios 4:5

    2 Corintios 5:10

El juicio de las obras de los creyentes no tiene nada que ver con la salvación eterna. Es un momento de recompensa por su servicio, o pérdida de recompensa por los servicios no realizados.

14. ¿Cómo serán juzgados los no creyentes? (Apocalipsis 20:12-15)

LO QUE SIGNIFICA SU RETORNO PARA USTED

15. ¿Cómo será estar en la presencia de Dios? (Apocalipsis 21:4)

    a. ¿Qué variedad de personas habrá allí? (Apocalipsis 5:9)

    b. ¿Cómo influye esta realidad en su visión del corazón, los propósitos y el plan de Dios?

El cielo, en un sentido muy real, es una continuación de todo lo que fue comenzado en este lado. Una continuación de la misma alma que soy y un cuerpo rediseñado para la eternidad. Liberado de los estragos y las ataduras del pecado, somos liberados en libertad ilimitada para adorar y alabar al Dios del cielo y a su Hijo, nuestro Redentor. [...] Experimentaremos el gozo, la satisfacción y el contentamiento ilimitados que Dios tenía en mente para nosotros antes de que hubiera pecado, desilusión y desesperación.

—JOSEPH M. STOWELL, *Eternity* (La eternidad)

16. ¿Qué actitudes debería tener usted con respecto al regreso de Cristo?

    Santiago 5:7-8

    1 Pedro 1:13

17. Compare 2 Pedro 3:10-12 con 1 Juan 3:2-3 y escriba un párrafo corto sobre el efecto que el regreso de Cristo debería tener sobre usted.

18. Al repasar las preguntas 16 y 17, ¿qué emociones se manifiestan en su corazón?

a. ¿De qué manera le gustaría que Dios fortaleciera su corazón aún más?

b. ¿Cómo puede mantener la esperanza del inminente regreso de Jesús en sus pensamientos diarios?

c. ¿Cómo podría estar aún más preparado para ver a Jesús cara a cara cuando regrese?

19. Compare Mateo 24:14 con 2 Pedro 3:9. ¿Qué razón puede ver para que Cristo retrase su regreso?

20. Lea Marcos 13:33-37.

a. ¿Qué nos exhorta a hacer Jesús?

b. Después de meditar acerca de esto, escriba varias maneras específicas en que puede practicarlo en su vida.

21. Si en este momento vive en obediencia y comunión con Jesús, ¿qué será lo que pasará con usted cuando él regrese? (1 Juan 2:28)

VERSÍCULO SUGERIDO PARA LA MEDITACIÓN Y MEMORIZACIÓN

Juan 14:2-3

En el hogar de mi Padre, hay lugar más que suficiente. Si no fuera así, ¿acaso les habría dicho que voy a prepararles un lugar? Cuando todo esté listo, volveré para llevarlos, para que siempre estén conmigo donde yo estoy.

Juan 14:2-3

REFLEXIONES PERSONALES

Medite sobre Mateo 25:21. ¿Cómo influye en la manera que usted vive hoy el hecho de que el regreso de Cristo puede suceder en cualquier momento? Cuando Jesús regrese y usted lo vea cara a cara, ¿qué le gustaría que él le dijera? ¿Qué le gustaría decirle a él?

RECUERDE ESTOS PUNTOS

Revise los subtemas del capítulo y utilícelos como un bosquejo para escribir su propio resumen del mismo.

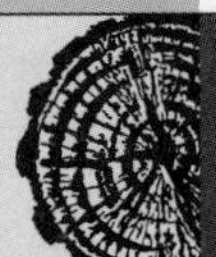

PROFUNDIZANDO

Lea Apocalipsis 21:1-7 y 22:1-5. Imagine que acaba de llegar al cielo. Basándose en lo que habrá a su alrededor, ¿cómo se sentiría? ¿Qué podría experimentar?

SEXTA PARTE

Creciendo en el discipulado

SUYO PARA REGALAR

JESÚS LES DIJO a sus discípulos: «¡Den tan gratuitamente como han recibido!» (Mateo 10:8). Tenemos la oportunidad de compartir las bendiciones que recibimos del Señor.

Mientras el Señor lo transforma a usted, él abre nuevas puertas. Dios trabaja a través de usted para bendecir a otros. Compartir con otros debería ser un rebose de su transformación espiritual, y el estudio personal de la Biblia también ayuda con esto. Cuando usted comparte, a menudo encontrará que su propia vida se llenará aún más de energía. Dios no solo le da dones sino también le revela verdades nuevas de manera que otros también puedan beneficiarse. El Espíritu Santo frecuentemente usará el crecimiento, las palabras y las acciones de usted para influir significativamente en otros seguidores de Jesús. O su vida podrá convertirse en una fragancia atractiva para que un no creyente despierte a su necesidad de Jesucristo.

¡Qué hermosos son sobre los montes
los pies del mensajero que trae buenas noticias,

buenas noticias de paz y de salvación,
las noticias de que el Dios de Israel reina! ISAÍAS 52:7

Para ayudarlo a crecer más en el discipulado, este estudio trata estos temas:

- *¿Qué es un discípulo?*
- *El mayordomo responsable*
- *Ayudar a otros a encontrar a Cristo*
- *Fortaleciendo*
- *Una visión mundial*

CAPÍTULO

25

¿QUÉ ES UN DISCÍPULO?

EL SIGNIFICADO MÁS simple del término discípulo es «aprendiz» o «seguidor». Sócrates tuvo discípulos, Juan el Bautista tuvo discípulos, y Gandhi tuvo discípulos. Pero ser un discípulo de Jesucristo involucra mucho más que seguir a cualquier líder humano. Los seguidores de Jesús fueron invitados a una relación especial con maravillosos privilegios y oportunidades.

LA INVITACIÓN DE JESÚS A UNA RELACIÓN ESPECIAL

1. Lea Juan 15:12-16. ¿De qué manera distintiva describe Jesús su rol como maestro?

   ¿Cuáles fueron algunos de los privilegios y las oportunidades que tuvieron los discípulos de Jesús?

2. En Hebreos 13:5-6, Dios promete que esta será una relación especial. Al comprometerse con él, ¿cómo lo hace sentir la promesa de Dios?

3. Lea Lucas 14:25-33.

   a. ¿Por qué este tipo de relación no era para todos? (Versículos 26-27)

   b. ¿Qué consideraciones debe tener en cuenta cada discípulo potencial?

   c. ¿Por qué cree usted que Jesús no quiere influencias competitivas? (Con el fin de comprender más el uso de la palabra «aborrecer», lea Mateo 10:37).

   d. ¿Cómo responde usted a la intensidad del desafío de Jesús?

«No es un tonto el que da lo que no puede conservar, para ganar lo que no puede perder».

—JIM ELLIOT, *The Journals of Jim Elliot* (Los diarios de Jim Elliot)

4. De los siguientes versículos, ¿qué acciones dice Jesús que deben caracterizar las vidas de sus discípulos? Además de su respuesta, anote una referencia cruzada para cada versículo (muchas Biblias proveen referencias cruzadas en las notas al pie de página).

VERSÍCULOS	ACCIÓN	REFERENCIA CRUZADA
Juan 8:31-32		
Juan 13:34-35		
Juan 15:8-10		

5. Utilizando las Escrituras de las preguntas anteriores, escriba una breve definición de discípulo.

> *Por ende, en el tiempo de los discípulos, alguien que lo llamaba a usted un seguidor de Cristo esperaría ver su vida ocupada con relaciones y reforma.*
>
> *Esta identidad era tan clara en los días de Cristo que llamar a alguien un seguidor no sería diferente de decir de alguien: «Él es un camionero» o «Ella es una doctora». Definía el privilegio y la responsabilidad de su papel como seguidores. Revelaba mucho sobre quiénes eran y explicaba por qué vivían, pensaban y actuaban como lo hacían.*
>
> —DR. JOSEPH STOWELL, *Following Christ* (Seguir a Cristo)

EL DISCÍPULO ES UN APRENDIZ

Jesús fue un aprendiz toda su vida. En sus primeros años, lo vemos en el templo escuchando y haciendo preguntas (Lucas 2:46). Durante su ministerio, lo vemos exhortando a sus discípulos: «Aprendan una lección de la higuera» (Mateo 24:32). El escritor de Hebreos dice de la vida de Cristo en la tierra: «Aunque era Hijo de Dios, Jesús aprendió obediencia por las cosas que sufrió» (Hebreos 5:8).

6. Salomón escribió muchos de los proverbios para aquellos que serían aprendices. ¿Por qué es tan importante permanecer dispuesto a aprender a través de toda la vida? (Proverbios 4:11-13, 20-26).

7. ¿De quién podemos aprender?

   Proverbios 4:1

   Proverbios 27:17

   Mateo 11:29

   Juan 6:45

Hebreos 3:13

Hebreos 13:7

8. ¿Por qué es importante que pertenezca a una comunidad que pueda proveerle guía? (Proverbios 11:14; 15:22)

9. Lea Proverbios 24:30-34. ¿Qué puede aprender acerca de una persona de voluntad firme, que no desea aprender y carece de juicio?

10. ¿Le agrada aprender? Imagine vivir la próxima década sin aprender. ¿Cómo cree que afectaría su vida?

EL COSTO DEL DISCIPULADO

La vida siempre tiene un costo elevado. La clave está en cuál precio paga usted y cuáles son las verdaderas recompensas.

11. ¿Qué podría costarle ser discípulo de Jesús? (Lucas 9:57-62)

    ¿Qué podría costarle *no* ser discípulo de Jesús?

12. Lea Romanos 12:1-2. ¿Cómo explicaría el significado del término *sacrificio vivo*?

13. Lea Lucas 9:23-26.

    a. ¿Qué cree que significa negarse a sí mismo?

    b. ¿Qué significa «tomar su cruz cada día»?

c. ¿Cómo puede usted salvar su vida?

El discipulado [...] requiere un cambio básico de orientación mientras nos alineamos con la voluntad de Dios por medio de la humilde renunciación a nuestra propia agenda. Negarnos a nosotros mismos en el contexto de llevar la cruz significa que el mundo podría matarnos por caminar fuera de su sendero, pero nosotros estamos listos para hacerlo, porque Dios nos ha llamado a caminar de una manera diferente.

—DARRELL BOCK, *NIV Application Commentary* (Comentario de aplicación de la NIV)

14. En oración, considere su vida a la luz de los pasajes estudiados en las preguntas 7-13. ¿Hay maneras en que puede alinear mejor su vida con Jesús? ¿Qué compromisos podría estar pidiéndole Cristo que haga?

La gracia barata es gracia sin discipulado, gracia sin la cruz, gracia sin Jesucristo, vivo y encarnado. [...] La gracia costosa es el tesoro escondido en el campo, que, a causa de él, un hombre irá gustosamente y venderá todo lo que tiene. Es costosa porque le cuesta la vida a una persona, y es gracia porque le da a la persona la única vida verdadera.

—DIETRICH BONHOEFFER, *The Cost of Discipleship* (El costo del discipulado)

DILIGENCIA Y DISCIPLINA

15. En el Nuevo Testamento, la vida de seguir a Cristo se compara con correr una carrera. Lea 1 Corintios 9:24-27.

    a. ¿Cómo dice Pablo que deberíamos correr la carrera?

    b. Enumere otros factores importantes al correr una carrera. ¿Cómo pueden estos principios ser aplicados a la carrera de toda una vida de un discípulo?

    c. La manera en que está corriendo la carrera de su vida hoy, ¿es más como una carrera de 60 metros o como un maratón? ¿Por qué?

16. Hebreos 12:1-2 da ideas adicionales para esta carrera.

    a. ¿Qué puede impedir que un creyente termine la carrera? ______

    b. ¿Cómo debería correr usted? ______

    c. ¿Dónde debería fijar sus ojos mientras corre? ______

    d. ¿De qué manera la vida de Jesús lo motiva a correr? ______

17. Lea 2 Timoteo 2:3-6, donde Pablo compara al cristiano con tres tipos de personas.

    a. ¿Cuáles son estos tres tipos de personas?

    ______

    b. Escoja uno de estos tipos de personas y describa cómo tal estilo de vida puede representar a un discípulo disciplinado y diligente de Jesús.

    ______

18. Lea Hebreos 6:11-12. ¿Cómo se relacionan la diligencia y la disciplina con ser un discípulo de Cristo? (Puede ser que quiera utilizar un diccionario como ayuda para entender el significado completo de estas palabras).

    ______

Hay cuatro pasos para completar un curso de acción: deseo, decisión, determinación y disciplina. Por ejemplo, considere a una persona que desea pasar tiempo con Dios antes de ir al trabajo. Él se da cuenta que, para tener tiempo suficiente, debe levantarse temprano, así que decide levantarse a las 6:30 de la mañana.

Al día siguiente, se queda dormido porque su deseo y su decisión por sí mismos no lo pudieron levantar de la cama. Entonces determina usar un despertador para que lo ayude a levantarse.

Pero la prueba real viene cuando suena el despertador. Allí es cuando la disciplina viene a ser el centro de atención. Él debe apagar la alarma y no volver a quedarse dormido.

Los buenos hábitos pueden ser desarrollados como resultado de una disciplina constante. La constancia requiere confianza en la fuerza que Dios da. Involucra corazón, pensamiento y esfuerzo diario.

19. De Filipenses 3:12-15, ¿qué actitud caracteriza a un seguidor maduro de Jesús?

¿Qué actitudes cree que caracterizarían a un creyente inmaduro?

20. ¿Qué enseña Pablo acerca de la diligencia en Colosenses 3:17?

21. ¿Cuáles son algunas áreas en las que usted debería estar ejerciendo mayor disciplina? ¿Cómo puede hacerlo?

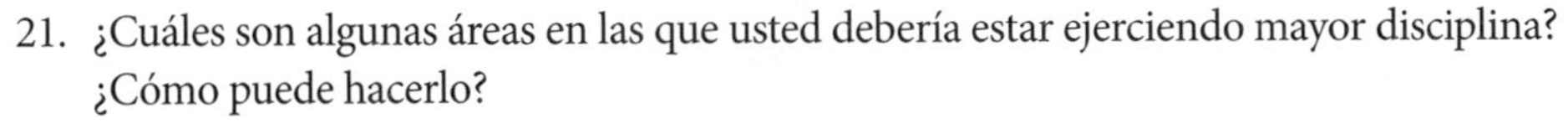

22. Además de disciplina y diligencia, ¿qué otra actitud del corazón caracteriza a un discípulo de Jesús? (2 Corintios 11:2-3)

¿Cómo se vería usted si estuviera sincera y puramente dedicado a Cristo en este momento de su vida con él?

23. ¿Por qué como discípulo de Jesús es tan importante la actitud de su corazón? (Proverbios 4:23)

VERSÍCULO SUGERIDO PARA LA MEDITACIÓN Y MEMORIZACIÓN

Lucas 9:23

Entonces dijo a la multitud: «Si alguno de ustedes quiere ser mi seguidor, tiene que abandonar su manera egoísta de vivir, tomar su cruz cada día y seguirme».

Lucas 9:23

REFLEXIONES PERSONALES

Jesús lo llama a ser su seguidor, su discípulo. Escriba algo de su caminar como discípulo. ¿Qué ha sido lo más significativo para usted? ¿Qué ha sido lo más difícil? ¿Cuáles de las características de un discípulo desafían más su vida?

Es posible que desee usar esta carretera para anotar los eventos clave, decisiones, personas y la provisión de Dios en su camino del discipulado.

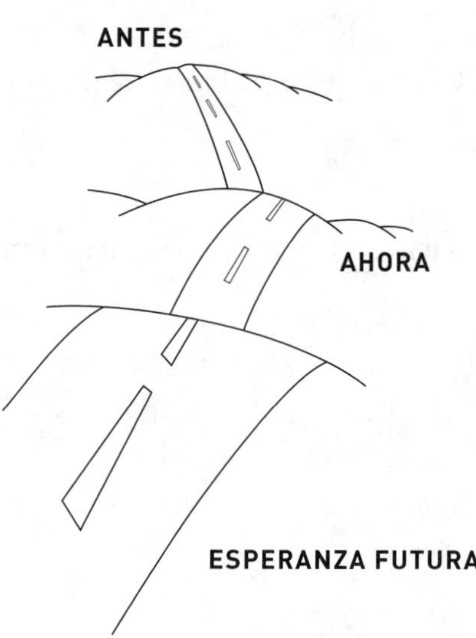

RECUERDE ESTOS PUNTOS

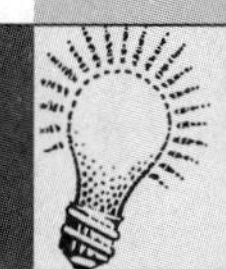

Revise los subtemas del capítulo y utilícelos como un bosquejo para escribir su propio resumen del mismo.

PROFUNDIZANDO

Considere el desafío de Jesús en Juan 12:24-25 a cualquiera que fuera su discípulo: «Les digo la verdad, el grano de trigo, a menos que sea sembrado en la tierra y muera, queda solo. Sin embargo, su muerte producirá muchos granos nuevos, una abundante cosecha de nuevas vidas. Los que aman su vida en este mundo la perderán. Los que no le dan importancia a su vida en este mundo la conservarán por toda la eternidad». Compare esto con el desafío de Pablo en Romanos 12:1.

¿Cómo sería para usted morir a sí mismo (o ser un sacrificio vivo)?

Si se considera muerto al pecado y al mundo, ¿cómo lo ayudaría eso a ser un discípulo de Jesús?

Termine esta frase con varias frases propias: Si estoy muerto al pecado y al mundo, entonces...

CAPÍTULO

26

EL MAYORDOMO RESPONSABLE

LA MAYORDOMÍA INVOLUCRA administrar la propiedad de otros. Un mayordomo es como el administrador de un fondo u organización, otros confían en él o ella para administrar, en nombre de ellos, los activos de manera inteligente. Debido a que Dios nos compró con la sangre de su Hijo, todo lo que somos y tenemos, incluyendo nuestras vidas y posesiones, le pertenecen. Como personas responsables ante Dios, debemos convertirnos en mayordomos responsables de nuestro tiempo, dinero, dones y cuerpo.

MAYORDOMOS DE LOS RECURSOS DE DIOS

1. ¿Qué enseña Pablo acerca de la confianza que se nos da? (1 Corintios 4:1-2)

   Explique lo que esto significa para usted. Es posible que desee utilizar una referencia cruzada para resaltar su respuesta.

2. ¿Cuáles son algunas áreas en las que usted puede ser fiel con lo que Dios le ha dado?

   Proverbios 3:9-10

   1 Corintios 6:19-20

   Efesios 5:15-16

   1 Pedro 4:10

3. ¿Cuál es la base sobre la que los siervos son hallados fieles? (Mateo 25:14-30)

Si la naturaleza de Dios es dar, entonces nosotros los que compartimos en la vida de Dios por medio de Cristo también somos llamados a dar. Y lo que se nos invita a dar no es nuestro excedente, sino nosotros mismos al servicio de Dios. Dar es darnos a nosotros mismos. Y este tipo de dar siempre es costoso. Porque en nosotros mismos abrazamos una pequeña muerte y una renuncia muy real.

Este tipo de dar significa gracia para otros y transformación para nosotros. Y así, obtendremos lo que, en otras maneras, nunca hubiéramos obtenido.

—CHARLES RINGMA, *Wash the Feet of the World with Mother Teresa* (Lave los pies del mundo con la Madre Teresa)

EL USO DEL TIEMPO

A cada hombre, mujer y niño se le ha confiado un total de 168 horas cada semana. ¿Está invirtiendo su tiempo sabiamente cada semana, o lo está gastando inútilmente? Una buena inversión puede producir un buen rendimiento. Cómo utiliza su tiempo indica lo que en verdad valora.

4. Lea Mateo 6:25-34.

   a. ¿Cuáles son las dos cosas que se les dice a los creyentes que busquen? (Versículo 33)

   b. ¿Qué cree usted que significa «el reino de Dios»?

   c. Defina la justicia de Dios.

   d. Ahora escriba el versículo 33 con sus propias palabras y utilice sus propias definiciones para el reino de Dios y su justicia.

5. Lea 1 Timoteo 3:4-5, 12. En el sistema de valores de Dios, ¿qué viene antes de preocuparse por la iglesia?

6. Explique un punto de vista bíblico sobre el trabajo tomado de 2 Tesalonicenses 3:7-9.

7. Enumere los siguientes artículos en el orden de prioridad según se hallan actualmente en su vida. Después vuelva a enumerarlos pero en el orden en que cree que sería la prioridad de Dios para su vida.

PRIORIDADES EXISTENTES		PRIORIDADES DE DIOS
	Trabajo (profesión u ocupación que ha escogido)	
	Dios (desarrollar su relación con él)	
	Escuela (su desarrollo educativo)	
	Familia (su amoroso cuidado e instrucción para ellos)	
	Ministerio (su evangelismo personal y testimonio)	
	Noviazgo o el matrimonio	
	Amistades	
	Administración de bienes y riqueza	
	Servicio al pobre	
	Otros (énfasis personal: actividades sociales, pasatiempos, entretenimiento)	

8. Después de considerar las prioridades de Dios, puede ser que quiera hacer cambios en su programación semanal para que lo que haga coincida con las prioridades de Dios para su vida. ¿Hay algún cambio en su agenda semanal que cree que debe hacer?

Usted debe orar continuamente y evaluar cómo invierte su tiempo para que pueda mantener el equilibrio correcto en las diferentes actividades en las que Dios quiere que se involucre.

9. Lea Efesios 5:15-21. ¿Qué dice Pablo acerca de hacer el mejor uso del tiempo? ¿Cómo puede poner en práctica este consejo?

Aquí hay algunas consideraciones sobre cómo utilizar su tiempo sabiamente:

- *Planee en oración: escuche a Dios. Enumere en orden de prioridad las cosas que debe hacer.*
- *Seleccione obedientemente: responda a la guía del Señor al hacer las cosas más importantes primero. Por fe, entregue las que no ha terminado al Señor.*
- *Concentración y diligencia: de todo corazón, haga la tarea que ha seleccionado.*

USO DE LOS DONES

Dios ha diseñado la apariencia de cada persona, con su tono de voz, habilidades, fortalezas, debilidades y otras características, así como sus dones espirituales. Cada persona debe participar en el cuerpo de Cristo al demonstrar actitudes semejantes a Cristo y edificar a otros por medio del uso de los recursos que le han sido dados por Dios.

10. El apóstol Pedro quizás podría haber enumerado tres de sus fortalezas como entusiasmo, liderazgo y hablar en público, mientras que una de sus debilidades podría haber sido la impulsividad. Enumere tres de sus propias fortalezas y una de sus debilidades.

11. Lea Romanos 12:3-8.

    a. ¿Cómo debería un creyente verse a sí mismo y a sus dones? (Versículo 3)

    b. Resuma las enseñanzas de Pablo sobre cómo deben los creyentes usar los dones que Dios les ha dado.

12. ¿Cómo deberíamos usar los dones que Dios nos ha dado? (1 Pedro 4:10)

Escoja una de sus fortalezas o dones espirituales. ¿Cómo puede utilizarla para servir a otros?

CUIDADO DEL CUERPO

Trate a su cuerpo con cuidado porque es el templo del Espíritu Santo. Usted pensará y se sentirá mejor cuando se alimente, duerma y haga ejercicio de manera adecuada.

13. Lea 1 Corintios 6:19-20. ¿Qué significa para usted el ser un templo del Espíritu Santo?

14. Lea Romanos 12:1 y 2 Corintios 7:1. ¿Qué nos insta Pablo a hacer con nuestros cuerpos? ¿Por qué?

15. Además de nuestro bienestar espiritual, ¿qué le preocupaba a Juan? (3 Juan 1:2)

16. De la lista a continuación, elija en oración un área en la que usted puede mejorar el cuidado de su cuerpo. ¿Qué tipo de cambios hará?

    Llevar una dieta adecuada

    Hacer ejercicio regularmente

    Descansar lo suficiente

    Evitar hábitos dañinos

USO DEL DINERO

Jesús nos dio una elección clara: podemos servir al dinero o podemos servir a Dios. Para contrarrestar la tentación de servir al dinero, Jesús llamó a sus seguidores a dar dinero principalmente como un acto de adoración a Dios y, en segundo lugar, como un servicio a las personas. Nuestra alternativa es renunciar a la adoración a Dios con el fin de servir al dinero. No podemos servir a ambos: a Dios y al dinero.

17. Considere Mateo 6:24. ¿Por qué cree usted que servir al dinero se contrapone a servir a Dios?

Tanto si una persona tiene mucho o muy poco dinero, ¿de qué maneras puede servir al dinero? ¿Cómo puede dejar de servirlo?

18. ¿Por qué es importante tener la actitud adecuada hacia el dinero? (1 Timoteo 6:10)

Algunos de nosotros hemos mirado al rostro de nuestros ídolos y encontrado que uno de ellos es el dinero.

Aunque nosotros, junto con millones de otras personas que van a la iglesia, estamos diciendo que Jesús salva, nos preguntamos a nosotros mismos si no estamos actuando en la práctica como si fuera el dinero el que salva. Decimos que el dinero da poder, el dinero corrompe, el dinero habla. Al igual que los antiguos con su becerro fundido, hemos dotado al dinero con nuestra propia energía psíquica, dándole brazos y piernas y nos hemos dicho a nosotros mismos que puede trabajar para nosotros. Más que esto, lo consagramos en un lugar secreto, le damos un corazón y una mente y el poder de concedernos paz y misericordia.

—ELIZABETH O'CONNOR, *Letters to Scattered Pilgrims* (Cartas a peregrinos dispersos)

19. Los cinco versículos a continuación están relacionados con el uso del dinero. Hágalos coincidir con la descripción correcta.

a. Proverbios 20:10	Ganar dinero con el fin de ser generoso con los demás
b. Proverbios 22:7	Advertencia en relación con la avaricia y encontrar nuestra identidad en nuestras posesiones
c. Lucas 12:15	Peligro de pedir dinero prestado y endeudarse
d. Lucas 16:11	Ganar confianza por la manera en que manejamos el dinero
e. Efesios 4:28	Advertencia acerca de engañar a los demás

20. Lea 2 Corintios 9. ¿Qué principios acerca del dar se pueden descubrir en cada uno de los siguientes versículos?

Versículo 6

Versículo 7

Versículo 8

Versículo 12

Versículo 13

Versículo 15

a. ¿Ha recibido usted algún regalo de alguien que se lo dio con una actitud reticente de obligación? ¿Cómo lo hizo sentir eso?

b. ¿Cómo cree que Dios se siente cuando le damos poco o cuando nos molesta tener que darle?

Muchos cristianos encuentran que tener un plan constante para dar es bíblico y práctico. Planear asegura no dar de forma irregular, imprudente o descuidada. Hoy en día, cuando se hacen tantas exigencias sobre su tiempo y su dinero, dar con planeación lo ayuda a honrar al Señor con sus posesiones. Su plan podría incluir estos pasos:

1. Recuerde a quién le está dando. Su regalo puede beneficiar a otros, pero es principalmente un acto de adoración a Dios. Por lo tanto, dé con alegría porque usted ha recibido todo de Dios.
2. Decida en oración qué porcentaje de sus ingresos devolverá al Señor.
3. Reserve primero la porción del Señor al momento de recibir el dinero. Póngalo a un lado para ser usado como él dirija. Una vez apartado, no debe ser usado para otros propósitos.
4. En oración, distribuya el dinero del Señor como él lo indique. Es bueno hacer esto en períodos regulares, sea semanal o mensualmente.

Haga donaciones adicionales y aumente lo que da a medida que Dios aumente su fe y lo haga prosperar. A medida que confíe a Dios sus recursos materiales, él confiará en usted sus recursos espirituales. Él se ha comprometido a sí mismo a este principio (Lucas 16:9-12; Filipenses 4:17).

La persona que dedica su dinero a Dios se está dedicando a sí misma: el fruto de su tiempo, su talento y su energía. Alguien que no le dedica su dinero no se ha comprometido completamente con Dios.

Use el espacio que sigue para registrar su plan para dar.

MI PLAN PARA DAR

Por qué planeo dar:	
La actitud de mi corazón al dar:	
A quién planeo dar:	
La cantidad que daré:	
Cuándo planeo dar:	

¿Es «¿Cuánto debería dar?» la pregunta equivocada? ¿Le ha preguntado alguna vez a Dios cuánto de sus ingresos, o de su tiempo, debería devolverle*? Quizás estamos haciendo la pregunta equivocada. ¡Quizás deberíamos preguntar cuánto de todo lo que nos da deberíamos* guardar *para nosotros!*

21. Lea Marcos 12:41-44. ¿Cuál es el principio que Jesús estaba tratando de enseñarles a sus discípulos por medio del ejemplo de la viuda?

    ¿Qué le está diciendo Dios directamente a usted con ese ejemplo?

22. Medite en la enseñanza de Jesús en Mateo 6:19-21.

    a. ¿Cuáles son algunos de los peligros y riesgos que amenazan nuestras posesiones terrenales? (Versículo 19)

    b. ¿Cuáles son algunas cosas que usted considera como tesoros en el cielo? (Versículo 20)

    c. Cuando Jesús dice: «No almacenes», ¿cree usted que está en contra de cuentas de ahorros, inversiones o planes de jubilación responsables? Explique. (Versículos 19-20)

    d. Explique la verdad del versículo 21 con sus propias palabras.

MOMENTO DE ORACIÓN

TERMINE SU TIEMPO de estudio en oración. Dé gracias a Dios por confiarle tales riquezas. Hable con él acerca de cuán bien está usted administrando lo que ha confiado a su cuidado: personas, tiempo, fortalezas, dones, dinero, salud, responsabilidades, etcétera. Exprese dónde se encuentra ahora en su deseo de darle la máxima prioridad a su reino, su justicia y sus tesoros en el cielo.

VERSÍCULOS SUGERIDOS PARA LA MEDITACIÓN Y MEMORIZACIÓN

Mateo 6:19-21

No almacenes tesoros aquí en la tierra, donde las polillas se los comen y el óxido los destruye, y donde los ladrones entran y roban. Almacena tus tesoros en el cielo, donde las polillas y el óxido no pueden destruir, y los ladrones no entran a robar. Donde esté tu tesoro, allí estarán también los deseos de tu corazón.

Mateo 6:19-21

Escriba acerca de su caminar hacia ser una persona que da generosamente en un mundo muy materialista, que adora a Dios y no al dinero.

RECUERDE ESTOS PUNTOS

Utilice los subtemas del capítulo como un bosquejo y escriba su propio resumen del mismo.

PROFUNDIZANDO

¿Se siente como el mayordomo o el propietario de su vida, tiempo, riqueza y cuerpo? ¿Cómo se siente ser un mayordomo en comparación con ser un propietario?

¿Qué efecto tiene su respuesta sobre cómo vivirá esta semana?

CAPÍTULO

27

AYUDAR A OTROS A ENCONTRAR A CRISTO

DIOS DESEA APASIONADAMENTE ver que todas las personas acepten a Cristo y encuentren la salvación a través de él. Por eso invita a sus hijos a trabajar en equipo con él en medio de nuestras relaciones naturales. Como participantes de nuestra propia cultura y esferas de influencia, estamos ubicados estratégicamente para introducir a nuestros amigos y conocidos al Amante de sus almas, por medio de nuestras obras como también nuestras palabras.

> *«Dios no envió a su Hijo al mundo para condenar al mundo, sino para salvarlo por medio de él».* JUAN 3:17

HACER EQUIPO CON DIOS

1. ¿Cuál es el plan y propósito general de Dios para todas las personas? (Efesios 3:1-10)

2. ¿Cuál fue el propósito de Dios al enviar a Jesús?

   Marcos 10:45

   Lucas 19:10

   Juan 10:10-11

3. En la oración de Jesús justo antes de que fuera a la cruz, ¿cómo describió la parte que sus seguidores desempeñarían para llevar a cabo los propósitos de Dios entre aquellos que todavía no conocen a Dios? (Juan 17:15-23)

4. ¿Por qué es extremamente importante compartir a Cristo con los demás? (Juan 14:6; Hechos 4:12)

5. Cuando compartimos a Cristo con otros, estamos entrando en el trabajo continuo de Dios en sus vidas. ¿Cómo está participando activamente el Espíritu Santo en la preparación de los corazones de las personas para recibir a Cristo?

   Juan 3:5-8

   Juan 16:7-11

   1 Tesalonicenses 1:4-5

6. Lea Mateo 4:19. ¿Cuál es la mejor preparación para compartir a Cristo con los demás? Explique.

SUPERANDO OBSTÁCULOS

A medida que trabajamos en equipo con Dios, muchos de nosotros enfrentamos obstáculos en nuestro propio corazón. Algunos de nosotros nos asociamos casi exclusivamente con creyentes porque nuestros temores y ocupaciones nos impiden formar relaciones de calidad afuera de nuestros círculos religiosos. Quizás tengamos miedo de dejar que otros vean nuestras luchas, pecados o debilidades propias. Cristo nos ayudará a superar estos obstáculos al seguirle cuando nos adentramos a nuestro mundo necesitado.

7. Lea Mateo 9:10-13.

   a. ¿Con qué clase de gente se asoció Jesús?

   b. ¿Cómo interactuó Jesús con ellos?

   c. Haga una lista de varias personas que conoce (amigos, miembros de su familia, compañeros de la escuela, vecinos, compañeros de trabajo, conocidos) quienes todavía no conocen a Cristo.

MOMENTO DE ORACIÓN

SI TIENE POCOS amigos o miembros de su familia que aun no son creyentes, pídale a Dios que lo guíe en asociarse con personas con quienes pueda compartir a Jesús y demostrar su amor.

8. Lea la parábola de la maleza, en la que Jesús habla de cómo vivir como miembros de la familia de él en medio de aquellos que no conocen a Cristo. ¿Por qué cree usted que Dios quiere que nosotros (el trigo) continuemos creciendo junto con los no creyentes (la maleza)? (Mateo 13:24-30, 36-42)*.

9. Conforme vive para Cristo entre los no creyentes, ¿cuál de estos temores tiene usted (si es que tiene alguno)?

- *Ser rechazado*
- *Exponer su incompetencia al hablar del evangelio*
- *Exponer sus propios sentimientos*
- *Exponer las fallas dentro de sí mismo o en su vida espiritual*
- *Decir las cosas equivocadas*
- *Ser visto como un estereotipo y etiquetado como intolerante*

* Adaptado de Jim Petersen y Mike Shamy, *The Insider Workbook: Bringing the Kingdom of God Into Your Everyday World* [El libro de trabajo del infiltrado: Llevando el reino de Dios a su mundo cotidiano] (Colorado Springs, CO: NavPress, 2003), 18.

- *Perder amigos*
- *Fracasar*
- *Añadir más estrés a su vida ocupada*
- *Afectar negativamente a su familia al involucrarla en la cultura de los no creyentes*
- *Ser contaminado o perder la santidad*
- *Vivir fuera de su zona de comodidad*
- *Ser desaprobados por otros creyentes*
- *¿Otros temores?* ______ *

10. ¿Qué lo alienta a usted del ejemplo de Pablo en cuanto a apertura y vulnerabilidad acerca de sus propias luchas? (1 Corintios 2:1-5; 2 Corintios 4:7-9, 12:9-11)

VIVIR COMO UN LOCAL

11. ¿Qué tipo de estilo de vida revelará a Cristo y atraerá a las personas a él mientras Dios lleva a cabo sus propósitos en y a través de nosotros? (Filipenses 2:13-16)

12. ¿Qué guías prácticas ve usted en estos versículos para relacionarse naturalmente con otros?

    Mateo 5:13-16 ______

    Mateo 5:46-47 ______

    Lucas 6:27-36 ______

    El simple hecho de saludar a las personas por nombre puede abrir oportunidades para desarrollar relaciones más profundas con ellas. Averigüe los nombres de tres personas a quienes normalmente no saludaría, y escríbalos aquí. Tome la iniciativa de saludar a esas personas varias veces en las próximas semanas. Escriba lo que ocurre. Después busque pequeñas iniciativas (sacarlo a comer, un acto de amabilidad, simplemente escuchar) que usted podría llevar a cabo para fortalecer esas relaciones†.

13. Los primeros creyentes eran reconocidos por los no creyentes como seguidores de Cristo debido a la calidad de su amor y sus actos de servicio. Resuma en sus propias palabras el punto principal de 1 Corintios 13:1-3.

* Adaptado de Petersen y Shamy, 32-33.
† Adaptado de Petersen y Shamy, 60.

14. Considere maneras prácticas en que usted puede imitar el corazón siervo de Cristo al servir a quienes están a su alrededor. Mientras lee la lista de actos bíblicos de servicio, escriba el nombre de cualquier no creyente a quien usted podría servir de esta manera.

    - *Darle su tiempo*
    - *Ofrecerle hospitalidad*
    - *Detenerse y escucharlo, estando completamente presente*
    - *Llorar y regocijarse con las personas*
    - *Mostrar misericordia en lugar de juicio*
    - *Hablar la verdad con amor*
    - *Honrar su propia palabra*
    - *Contener su propia ira*
    - *Pedir perdón*
    - *Ser generoso*
    - *Tratar a un enemigo con cuidado afectuoso*
    - *¿Otro?* ________________ *

15. No todas las personas le respondieron positivamente a Jesús, así que no se sorprenda si algunas personas no responden bien a su «fragancia» de vida o sus palabras de verdad. ¿Por qué podrían algunas personas molestarse o resistir sus intentos de compartirles de Cristo? (2 Corintios 2:14-17)

16. Según los versículos siguientes, ¿qué puede orar por aquellos que todavía no han conocido a Cristo?

    Juan 6:44 ________________________________

    Juan 16:8-9 ________________________________

    1 Timoteo 2:1-4 ________________________________

Jesús era sensible a las necesidades de la gente y hablaba sobre el tema que más les preocupaba a las personas que conocía. La necesidad principal de la gente que no conoce a Cristo es recibirlo como Salvador y Señor. Pero la gente que no tiene a Cristo podría sentir que tiene muchas otras necesidades que deberían ser satisfechas antes de que consideren a Cristo. Es posible que usted tenga que satisfacer esas necesidades «sentidas» antes de que pueda ayudar a la gente con sus necesidades «verdaderas». La gente generalmente quiere saber cuánto le importa a usted antes de que le importe cuánto sabe.

* Adaptado de Petersen y Shamy, 62.

17. ¿Qué pautas se nos dan para hablar naturalmente con otros acerca de nuestra fe en Cristo?

Colosenses 4:5-6 ______

2 Timoteo 2:23-26 ______

1 Pedro 3:15 ______

Aquí hay algunas pautas adicionales sobre cómo tener una conversación espiritual:

- *Hable acerca de las realidades de nuestra humanidad compartida.*
- *Hable acerca de la belleza y el misterio de la naturaleza.*
- *Haga preguntas abiertas que profundicen las relaciones.*
- *Escuche atentamente lo que la otra persona está diciendo.*
- *Reflexione en lo que la otra persona dice y exprese verdades espirituales en un lenguaje no religioso**.

> ***«Prediquen el evangelio en todo tiempo, y si es necesario usen palabras».***
>
> —ATRIBUIDO A SAN FRANCISCO DE ASÍS

18. ¿Por qué y cómo deberíamos usar la Biblia apropiadamente al compartir el evangelio?

Isaías 55:11 ______

2 Timoteo 3:15 ______

Hebreos 4:12 ______

19. Los actos de amor y servicio en el contexto de las relaciones pueden abrir la puerta para que usted converse con otros acerca de su fe. Las buenas preguntas abiertas pueden ayudarlo a introducir asuntos espirituales en sus conversaciones con no creyentes. Considere los ejemplos en el cuadro a continuación. Julia es una estudiante de la universidad, David es un hombre de negocios y Jasón es un soldado. Siguiendo estos ejemplos, agregue los nombres de dos amigos con quienes le gustaría compartir a Cristo, junto con actos de amor y preguntas personalizadas para cada uno.

* Adaptado de Petersen y Shamy, 72.

PERSONA	PREGUNTA PARA LA CONVERSACIÓN	ACTO DE AMOR
Julia	¿Cómo han cambiado sus ideas sobre lo espiritual desde que llegó a la universidad?	Ayudarla con el lavado de la ropa durante el tiempo de los exámenes.
David	¿Qué necesidad espera satisfacer en su vida al tener un negocio exitoso?	Ofrecerse a ayudar con el trabajo en el jardín.
Jasón	¿Por qué supone que hay tanto conflicto y terrorismo en el mundo de hoy?	Ir con él a visitar a sus compañeros soldados en el hospital.

20. Nombre un amigo o miembro de su familia no creyente a quien ve regularmente. Prepare algunas preguntas que lo ayudarían a hacer la transición natural de la conversación a la buena noticia de Cristo. También haga una lluvia de ideas sobre maneras prácticas en las que pueda demostrar el amor de Dios a esa persona.

PARTICIPANDO EN UN NUEVO NACIMIENTO

21. Usando Juan 3:16-18, haga un resumen sobre los puntos principales del evangelio.

Esté listo para hablar de Cristo en cualquier situación. Conozca lo esencial del evangelio. Planee y practique cómo explicar a Jesucristo de una manera clara e interesante. Luego ore y aproveche sus oportunidades.

Después de explicar el evangelio, a menudo la clave para ayudar a que una persona abra su corazón a Cristo es una pregunta como: «¿Le gustaría recibir a Jesucristo ahora como su Salvador y Señor?». Si la persona quiere hacerlo, pídale que ore e invite a Jesús a que entre en su vida como Salvador y Señor.

22. Al llevar a una persona a este punto de decisión, es bueno usar un versículo de «acción», para mostrarle su parte en la respuesta a la oferta de Cristo, según el Espíritu Santo lo impulsa. Elija uno de los versículos siguientes y explique cómo podría usted usarlo en una situación así.

Juan 1:12

Juan 3:16

Juan 5:24

Apocalipsis 3:20

23. ¿Qué ocurre cada vez que una persona se arrepiente y confía en Cristo? ¿Cómo lo hace sentir esto? (Lucas 15:7)

VERSÍCULOS SUGERIDOS PARA LA MEDITACIÓN Y MEMORIZACIÓN

1 Pedro 3:15-16

En cambio, adoren a Cristo como el Señor de su vida. Si alguien les pregunta acerca de la esperanza que tienen como creyentes, estén siempre preparados para dar una explicación; pero háganlo con humildad y respeto.

1 Pedro 3:15-16

REFLEXIONES PERSONALES

¿Qué papel tuvieron otras personas al presentarle a Cristo y ayudarlo a superar sus propios obstáculos para confiar en él? Mientras escribe sobre esto, describa qué lo motiva más a compartir a Cristo personalmente con aquellos que usted sabe que todavía lo están buscando.

RECUERDE ESTOS PUNTOS

Revise los subtemas del capítulo y úselos como un bosquejo para escribir su propio resumen del capítulo.

PROFUNDIZANDO 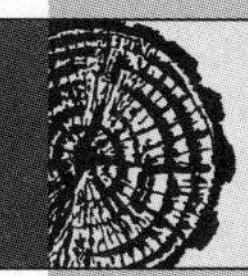

La convicción de pecado y el deseo de recibir a Cristo provienen únicamente de Dios. Pero él da a los seguidores de Jesús el privilegio de cooperar con él para ayudar a que otros lleguen a la fe en Jesucristo.

Las personas que han escuchado el evangelio tienen razones para no recibir a Cristo. Usted puede familiarizarse con algunas de las objeciones más comunes y señalar cortésmente cómo responde la Biblia a ellas. Esto podría ayudar a que los otros vean más claramente su necesidad de Jesucristo. Los versículos a continuación se aplican a algunas de las objeciones más frecuentes.

OBJECIÓN	VERSÍCULOS
«Si Dios es todopoderoso y un Dios de amor, ¿por qué permite el mal en el mundo? ¿Por qué no lo detiene?».	Deuteronomio 30:19; Mateo 13:24-30; Romanos 6:14
«No merezco el amor de Dios».	Efesios 2:3-5; 1 Pedro 2:9-10
«Los cristianos son gente intolerante que han causado muchas guerras».	Juan 13:34-35
«¿Y qué acerca de quienes nunca escucharon el evangelio?».	Salmo 19:1, 97:6; Romanos 1:19-20; Hechos 14:17
«¿Y qué acerca de los errores en la Biblia?».	Isaías 55:8-9; 2 Timoteo 3:16
«¿Por qué muchas personas educadas rechazan a Jesús?».	Daniel 12:10; 1 Corintios 2:14; 2 Pedro 2:16-18
«¿Y qué acerca de todos los hipócritas?».	Job 8:13; Mateo 7:1; Romanos 14:12
«Si una persona está haciendo lo mejor que puede, Dios la aceptará. Lo que cuenta es la sinceridad».	Juan 3:18, 36; Romanos 3:23; 6:23; Hebreos 2:3
«Seguramente hay más de una manera de llegar al cielo».	Juan 11:25; 14:6
«Hay demasiado a qué renunciar».	Salmo 116:12; Marcos 8:36; Lucas 18:29-30
«Probablemente me convierta en seguidor de Jesús algún día».	Proverbios 27:1; Isaías 55:6; Mateo 24:44; 2 Corintios 6:2
«En la Biblia hay demasiadas cosas que no puedo entender» o «Debo esperar hasta que entienda más».	Deuteronomio 29:29; Romanos 11:33; 1 Corintios 2:14; 13:12
«Realmente no soy una mala persona».	Génesis 6:5; 1 Reyes 8:46; Proverbios 20:9; Isaías 53:6; 64:6; Romanos 3:23; Gálatas 3:22; 1 Juan 1:8
«Quizás recibiremos otra oportunidad después de que muramos».	Lucas 16:19-31; Hebreos 9:27
«Soy demasiado pecador para ser salvado. Dios no me aceptará».	Marcos 2:17; Juan 3:17; Romanos 5:8; 1 Timoteo 1:15

CAPÍTULO

28

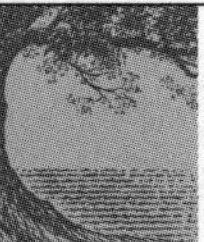

FORTALECIENDO

¡**QUÉ GRAN PRIVILEGIO** tenemos de ayudar a los que llevan poco tiempo de ser creyentes a fortalecerse en la experiencia de la plenitud de Dios! Este ánimo hacia otros para su transformación espiritual es una responsabilidad de todos los seguidores de Jesús. Algunos lo llaman fortalecimiento o tutoría o discipulado o seguimiento después de un nuevo nacimiento espiritual, pero cualquiera sea el término que usemos, significa que nos asociamos con Dios y otros para ayudar a alguien a madurar espiritualmente. Aunque toda la comunidad debería ser parte de este proceso transformador, nosotros nos enfocaremos aquí en las relaciones personalizadas entre dos personas. Siempre hay alguien que necesita su ayuda.

> *Entonces Cristo habitará en el corazón de ustedes a medida que confíen en él. Echarán raíces profundas en el amor de Dios, y ellas los mantendrán fuertes. [...] Es mi deseo que experimenten el amor de Cristo, aun cuando es demasiado grande para comprenderlo todo. Entonces serán completos con toda la plenitud de la vida y el poder que proviene de Dios.* EFESIOS 3:17, 19

¿QUÉ ES FORTALECIMIENTO?

1. Lea 1 Tesalonicenses 2:7-12.

   a. ¿Cómo describe Pablo la manera en que trató de fortalecer a los tesalonicenses en su relación con Jesús? (Versículos 7-8)

   b. ¿De qué maneras se relacionó Pablo con ellos? (Versículos 7, 9, 11)

   c. ¿Cuáles son las cosas que él modeló e hizo para ayudarlos a progresar en su vida espiritual?

   d. ¿Cuál era el objetivo de Pablo para sus hijos espirituales? (Versículo 12)

   e. En los versículos 8 al 11, Pablo dice que él no solo amó a los creyentes en Tesalónica, sino también demostró su amor por ellos. Si Pablo hubiera limitado su influencia a solo instruirlos, ¿qué impacto cree usted que habría tenido en ellos mientras aprendían a seguir a Jesús? (Vea Consejo útil en la sección Profundizando).

¿POR QUÉ FORTALECIMIENTO?

El fortalecimiento es como una pediatría espiritual... es darle ayuda continua a un nuevo creyente para estimular un crecimiento saludable hacia la madurez y la utilidad.

2. ¿Con qué comparó Pedro al crecimiento espiritual? (1 Pedro 2:1-3)

   a. ¿Por qué necesitan ayuda los bebés?

b. ¿Se considera usted un bebé en Cristo, o un seguidor más maduro? Explique.

3. Jesucristo quería que su amor fuera multiplicado, así que dio a sus seguidores la gran comisión de alcanzar al mundo con su evangelio. ¿Qué les ordenó hacer como parte de esa comisión? (Mateo 28:18-20)

4. ¿Por qué estaba Pablo preocupado acerca del fortalecimiento de aquellos que él había alcanzado? (1 Tesalonicenses 3:5, 13)

5. Lea Colosenses 1:28-29. ¿Por qué cree que Pablo estaba tan enfocado y enérgico respecto a ver a las personas transformadas en Cristo?

EL VALOR DE CADA PERSONA

Dios dotó con valor y dignidad a cada persona que él creó. La humanidad fue hecha a imagen y semejanza de Dios. En todo el universo, solo nosotros tenemos el privilegio distintivo de reflejar santidad.

6. Génesis 1:26-28 revela nuestro origen. Basándose en estos versículos, ¿cuán valiosas son las personas para Dios? ¿De dónde proviene este valor?

7. Lea el Salmo 8:3-8. ¿Cómo expresa el salmista el valor de las personas? Explique el significado de esto para usted y para los demás.

8. ¿A cuántas personas menciona Pablo por nombre en Romanos 16? ¿Por qué es significativo esto?

9. ¿Qué enseña Jesús acerca de la importancia del individuo en Lucas 15:3-7?

10. Lea 1 Corintios 4:15. ¿Por qué cree que Pablo se sentía personalmente responsable por los corintios? (Considere la diferencia entre el corazón de un maestro y el corazón de un padre).

11. Al considerar su propio valor y el valor de otros, ¿cómo se conecta su corazón con las verdades de esta sección?

AYUDAR A QUE OTROS CREZCAN

12. ¿Qué hicieron Pablo y sus compañeros para ayudar a quienes recientemente habían creído en Jesucristo?

    Hechos 14:21-22

    Hechos 18:11

13. ¿Qué oraron Pablo y sus compañeros por los nuevos creyentes?

    Colosenses 1:9-12

    Colosenses 4:12

14. ¿Qué podría usted hacer para alentar a los nuevos creyentes? (Colosenses 3:16)

15. ¿De qué otras maneras podría alentarlos y fortalecerlos?

    Marcos 5:19

    Lucas 9:23

    Juan 15:10

    Filipenses 4:6

    Hebreos 10:25

El cuerpo de Cristo necesita que crezcamos por medio de la comunidad y desarrollemos líderes que no solo administren, sino que movilicen, empoderen y liberen a otros para que vivan en el reino.

—DR. ERIC SANDRAS, *Buck-Naked Faith* (Fe al desnudo)

16. Pablo utilizó varios métodos de seguimiento con los nuevos creyentes. ¿Cuáles métodos describen los siguientes versículos?

    Hechos 15:36 ______

    1 Corintios 4:14 ______

    1 Corintios 4:17 ______

    2 Timoteo 1:3 ______

    ¿Cómo puede ayudar a alguien que usted conoce al utilizar uno de estos métodos?

Usted puede ayudar a un nuevo creyente en estas áreas:

- *Seguridad en la salvación y en el amor de Dios*
- *Momentos de quietud a solas adorando a Dios*
- *Memorización de las Escrituras y meditación*
- *Estudio bíblico: comprensión de la visión de Dios acerca de la realidad*
- *Oración: conversación personal con Dios*
- *Comunión con otros creyentes*
- *Compartir a Jesús con otros*
- *Crecer en amor, alegría, paz, paciencia, etcétera (el fruto del Espíritu)*
- *Aprender a escuchar, confiar y obedecer a Dios en la vida diaria y en las decisiones*
- *Servir al pobre*

SER UN EJEMPLO

Cuando se trata de seguimiento, más se contagia que lo que se enseña.

—DAWSON TROTMAN

17. ¿Qué podría decir Pablo acerca de su ejemplo a la iglesia de Filipo? (Filipenses 4:9)

18. Lea 1 Timoteo 4:12. ¿En qué áreas debería usted ser un ejemplo para otros?

La vida de Jesús provee el mejor plano para el discipulado de toda la vida. Sus discípulos compartieron su vida cotidiana: sus momentos más elevados y los más bajos. Lo vieron desde todos los ángulos, no solo como un hacedor de milagros sino también como un hombre que soportó las cargas del Padre, se enojó y hasta lloró. Su inversión en sus vidas rendiría inmensos resultados después de su partida. Nosotros también tenemos depósitos por hacer en las vidas de nuestros hermanos y hermanas en la fe.

—PAMELA TOUSSANT, *Homemade Disciples* (Discípulos hechos en casa)

19. ¿Por qué es importante ser reales y auténticos cuando tocamos las vidas de otros?

20. ¿Puede usted decir con Pablo: «Ustedes deberían imitarme a mí, así como yo imito a Cristo» (1 Corintios 11:1)? ¿Qué aspecto de su vida debería cambiar para que pueda mantener un buen ejemplo?

21. Piense en una persona a quien haya tenido el privilegio de guiar a Cristo, o en alguien que conozca que sea nuevo en la fe. Recuerde orar por ella, y considere qué más puede hacer para estimular su crecimiento. ¿Debería visitar a esa persona, llamarla por teléfono o escribirle? ¿Qué recursos prácticos podrían ayudarla? ¿Debería llevarla con usted a visitar a un amigo no creyente o a otro nuevo creyente? Resuma cómo puede ayudarla y qué piensa hacer.

La comunidad que da vida engendra seguidores que dan vida. [...] Las primeras iglesias tenían una manera de permitir que el Espíritu Santo las gastara en lo horizontal, sirviendo y amando, mientras simultáneamente se transformaban sus vidas en lo vertical, por medio de la adoración y el estudio. Esa es la manera de la Cruz: ir y hacer discípulos mientras nosotros continuamos siendo aprendices del Maestro Jesús.

—DR. ERIC SANDRAS, *Buck-Naked Faith* (Fe al desnudo)

VERSÍCULO SUGERIDO PARA LA MEDITACIÓN Y MEMORIZACIÓN

1 Tesalonicenses 2:8

Los amamos tanto que no solo les presentamos la Buena Noticia de Dios, sino que también les abrimos nuestra propia vida.

1 Tesalonicenses 2:8

REFLEXIONES PERSONALES

Reflexione acerca de cómo fue tratado inicialmente por otros seguidores de Jesús cuando comenzó su caminar con Dios. ¿Cómo lo cuidaron o desatendieron? ¿En qué forma se sintió apoyado o abandonado? ¿Qué fue lo más beneficioso? ¿Lo menos útil? De la manera que otros lo ayudaron a usted, ¿qué puede aprender acerca de cómo ayudar a otros a seguir a Jesús?

RECUERDE ESTOS PUNTOS

Utilice los subtemas del capítulo como un bosquejo y escriba su propio resumen del mismo.

PROFUNDIZANDO

Use la primera carta de Pablo a los Tesalonicenses como una guía práctica de ayuda para establecer a un nuevo creyente que conozca. Mientras lee cada capítulo de 1 Tesalonicenses, tome notas sobre estas preguntas:

¿Cuál fue la actitud y el corazón (la motivación) de Pablo por la gente de Tesalónica?

¿Cómo se relacionó y compartió su vida con ellos?

¿Qué oró por ellos?

¿Qué hizo para fortalecerlos?

¿En qué centró sus enseñanzas?

¿Qué *no* hizo entre ellos?

CONSEJO ÚTIL:

Uno de los errores que se comete frecuentemente en el ministerio personalizado es la suposición de que los nuevos creyentes están listos para un enfoque estructurado e intenso. Pero este enfoque puede hacerlos ver el crecimiento cristiano como una carga en lugar de algo satisfactorio. Recuerde que la mayoría de las personas nunca ha recibido ayuda espiritual regularmente en una forma personalizada. En vez de ser desafiados, la mayoría necesita el aliento de una «madre solícita». Otros que tienen una base más fuerte estarán más ansiosos por desafío e instrucción como lo implica la relación padre-hijo. Mas otros deberían ser tratados como hermanos maduros en el ministerio*.

* Richard Cleveland, «Follow-Up: Person to Person» [Seguimiento: Persona a Persona], *Discipleship Journal* [Revista de Discipulado], Noviembre/Diciembre 1981, 11.

CAPÍTULO

29

UNA VISIÓN MUNDIAL

DIOS SE PREOCUPA por toda la humanidad de manera individual. Con los miles de millones de personas que hay en el mundo hoy, quizás se esté preguntando cómo es posible tener una participación efectiva en comunicarle el amor de Dios a tantos. Podemos hacerlo a través de una promoción del evangelio de manera que se planten generaciones espirituales que se vuelvan fructíferas en todas partes del mundo.

> *Visión mundial es traer a tu corazón lo que está en el corazón de Dios: el mundo.*
>
> —DAWSON TROTMAN

LA PREOCUPACIÓN DE DIOS POR EL MUNDO

1. ¿Cómo demuestran Juan 3:16 y 2 Pedro 3:9 la amplitud de la preocupación de Dios por la humanidad?

2. En Apocalipsis 7:9-10, Dios revela una visión maravillosa del cielo. ¿Quiénes están presentes con Dios, y cómo cree usted que ellos llegaron allí?

3. Para que ocurra el futuro previsto en Apocalipsis 7:9-10, debe cumplirse el plan de Dios a través de las personas. Jesús hizo una gran inversión en unas pocas personas con el fin de ver multiplicación, y explicó lo que llegaría a ser nuestro papel en el plan de Dios. ¿De qué maneras declaró Jesús su gran comisión?

   Mateo 28:19-20

   Marcos 16:15

   Lucas 24:47

   Juan 17:18; 20:21

   Hechos 1:8

   ¿Cómo quiere usarnos Dios para influir espiritualmente a otros?

Por supuesto que es encomiable tener la visión de alcanzar a una persona, un campo universitario, una base militar, un lugar de trabajo, un vecindario, una comunidad, incluso a toda una nación para Cristo. Pero la preocupación del Señor es por todo el mundo, y esta también debería ser nuestra preocupación. En la gran comisión, Jesús les da a los creyentes la responsabilidad y el privilegio de alcanzar con el evangelio a cada persona de cada nación en cada generación. Toda decisión importante en nuestra vida debe hacerse con todo el mundo en mente.

EL MUNDO HOY

4. De los siguientes pasajes, resuma cómo describe la Biblia las condiciones del mundo en los últimos días:

   1 Timoteo 4:1-3 ____________________

   2 Timoteo 3:1-5 ____________________

   2 Pedro 3:3-5 ____________________

   Ponga un círculo alrededor de las condiciones que enumeró que parecen ser evidentes hoy.

5. ¿Qué les espera a quienes rechazan el evangelio de Jesucristo? (2 Tesalonicenses 1:8-9; Apocalipsis 20:12, 15)

6. Cuando Jesús vio las necesidades a su alrededor, ¿qué pidió a sus discípulos que oraran? (Mateo 9:36-38)

> *«Ustedes conocen el dicho: "Hay cuatro meses entre la siembra y la cosecha", pero yo les digo: despierten y miren a su alrededor, los campos ya están listos para la cosecha».* JUAN 4:35

La población total del mundo es aproximadamente 7.456.543.152 y está creciendo cada segundo*.

POBLACIÓN DEL MUNDO POR ÁREA

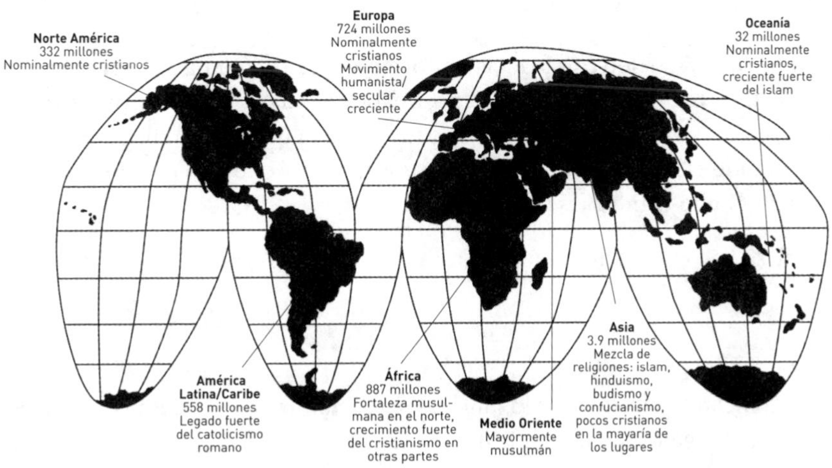

* Información sacada del U.S. Census Bureau, International Programs Center, https://www.census.gov/popclock/ (accedido el 26 de febrero del 2018).

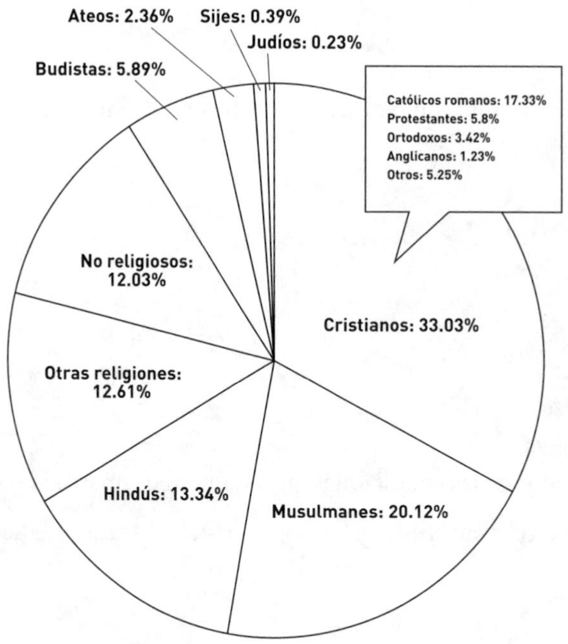

«MIREN LOS CAMPOS»

Estas son algunas formas prácticas de «mirar los campos»:

- *Use un mapa del mundo para orar por los países del mundo: que la gente que vive en esos lugares llegue a confiar en Cristo y crezca en su caminar con él.*
- *Ore por los creyentes y los líderes de la iglesia que son perseguidos en diferentes partes del mundo.*
- *Mantenga correspondencia con misioneros. Aprenda sobre varios campos de misiones y agencias misioneras.*
- *Lea biografías de misioneros, libros sobre las misiones y publicaciones misioneras.*
- *Ore por su propio contacto diario con no creyentes, para que les demuestre el amor de Jesús.*
- *Dé ayuda financiera para apoyar a creyentes y misioneros en otro país.*

GENERACIONES ESPIRITUALES

Mantenerse informado, orar y dar son tres formas importantes para ayudar a alcanzar al mundo con el evangelio de Jesucristo. Y, en forma más directa, podemos involucrarnos a través de nuestro alcance y enfoque personal. En todas estas cosas deberíamos continuar confiando en que Dios multiplicará las generaciones de seguidores de Jesús en todo el mundo, ya sea que vivamos para ver que esto ocurra, o no. Esto incluye a las generaciones espirituales tanto como a las físicas.

7. ¿Cuál fue la promesa que Dios le hizo a Abraham? (Génesis 22:17-18)

8. Jesús vivió en un contexto agrícola y por lo tanto usaba metáforas de agricultura, semillas y crecimiento orgánico para ilustrar las generaciones espirituales. Lea Mateo 13:31-32. ¿Cómo crece el reino de Dios?

Otros pasajes que tal vez usted quiera estudiar son Marcos 4:1-20, Marcos 4:26-29 y Juan 12:23-26.

Durante la última cena con sus discípulos, Jesús oró específicamente por ellos, tanto los de ese tiempo como los de ahora. Le pidió a Dios que continuara ministrando por medio de sus discípulos a la gente perdida del mundo. ¡Jesús había plantado la semilla para el futuro y le estaba pidiendo a Dios que la multiplicara!

9. Lea cuidadosamente la oración de Jesús en Juan 17:5-26. Si usted es un discípulo de Jesús, entonces ¡él estaba orando por usted! Escriba varias observaciones acerca de lo siguiente:

   - *La visión de Jesús de que el mundo será alcanzado con el amor de Dios a través de generaciones de sus discípulos*

   - *Las peticiones de oración de Jesús por nosotros al llevar a cabo su visión*

   - *Cómo nos equipa y prepara Jesús para cumplir su visión*

¿CÓMO ENCAJA USTED?

Jesús amó al mundo y ayudó a miles, pero entrenó de cerca a solo doce hombres. Vio a generaciones espirituales multiplicándose a través de esos discípulos.

> ***Ir detrás de una visión divina es en realidad un acto de adoración. Es una declaración de nuestra confianza en Dios. Es una proclamación de cuán importante creemos que es su agenda. Y Dios es honrado.*** —ANDY STANLEY, *Visioneering* (En pos de la visión)

10. Mientras reflexiona otra vez en Juan 17:5-26, ¿cómo se ve a sí mismo en esa oración? ¿Qué le pedirá a Dios con respecto al ministerio que Dios quiere tener a través de usted?

11. Considere 2 Timoteo 2:2. ¿Le ha pedido a Dios que le de una persona con quien pueda poner este versículo en acción?

    a. Usted puede ayudar a cambiar el mundo para Jesucristo al permitirle que Dios reproduzca la vida de él a través de usted en la vida de otro. Específicamente, ¿cómo permitirá que Dios lo utilice en su plan de generaciones espirituales?

    b. Si tiene hijos, ¿cómo confiará en Dios para que él transmita el legado espiritual suyo a través de ellos?

c. ¿Hay otros niños a quienes usted puede ministrar?

12. ¿Está invirtiendo su vida, tiempo y dinero con todo el mundo en mente? ¿Qué puede hacer para involucrarse más en alcanzar al mundo con la Buena Noticia de Jesucristo?

Recuerde orar. Muchos de nosotros no podemos alcanzar a otras naciones sobre nuestros pies, pero las podemos alcanzar sobre nuestras rodillas. ¡Y Dios escucha!

13. Lea 2 Timoteo 3:16–4:8. Relacione lo que Pablo dice aquí con la vida suya y la visión mundial.

VERSÍCULOS SUGERIDOS PARA LA MEDITACIÓN Y MEMORIZACIÓN

Mateo 28:19-20

Por lo tanto, vayan y hagan discípulos de todas las naciones, bautizándolos en el nombre del Padre y del Hijo y del Espíritu Santo. Enseñen a los nuevos discípulos a obedecer todos los mandatos que les he dado. Y tengan por seguro esto: que estoy con ustedes siempre, hasta el fin de los tiempos.

Mateo 28:19-20

REFLEXIONES PERSONALES

¿Cómo lo ha impactado la gran comisión que Jesús le ha dado? ¿Acepta usted esta comisión? Exprese cómo espera vivirla.

RECUERDE ESTOS PUNTOS

Utilice los subtemas del capítulo como un bosquejo y escriba su propio resumen del mismo.

PROFUNDIZANDO

Para profundizar su participación en la gran comisión, considere estos próximos posibles pasos:

- *Busque las promesas de Dios a través de su Palabra. Elija algunas para ponerlas en oración. Pida a Dios que cumpla esas promesas. Imite a aquellos que «gracias a su fe y perseverancia, heredarán las promesas de Dios» (Hebreos 6:12).*
- *Ore sobre Juan 17 y otros pasajes que hablan de alcanzar a otros. Mientras ora, pida a Dios que le dé influencia significativa en el ministerio.*
- *Piense en una o dos personas en quienes usted puede invertir las riquezas de Dios. Tenga una actitud de expectativa de que, con el pasar del tiempo, Dios multiplicará esa inversión hacia el mundo.*
- *Si tiene hijos, hágalos sus discípulos de manera intencional. Transmítales la herencia espiritual que ha recibido usted. Si no tiene hijos, considere invertir en los hijos de otras personas.*
- *Ore acerca de las generaciones espirituales, hable de ellas y mantenga su esperanza para ellas.*
- *Dése cuenta de que la salvación es personal pero nunca aislada. Es para la familia y los amigos y el contexto del ministerio que Dios da. Todos se unen a Dios y a nosotros en su misión hacia las naciones.*
- *Asóciese con otros en la gran comisión de Jesús. Ninguno de nosotros puede permanecer solo. Pida a Dios que lo guíe a otros que son seguidores comprometidos de Jesús y luego sirva a Dios junto con ellos.*

¿En cuál de estos pasos le gustaría enfocarse? ¿De qué manera comenzará a hacerlo?

SÉPTIMA PARTE

Nuestra esperanza en Cristo

UNA AVENTURA PARA TODA LA VIDA

Tales cosas se escribieron hace tiempo en las Escrituras para que nos sirvan de enseñanza. Y las Escrituras nos dan esperanza y ánimo mientras esperamos con paciencia hasta que se cumplan las promesas de Dios.
ROMANOS 15:4

AL DARNOS SU Palabra escrita, la Biblia, Dios anhela animarnos. Él nos invita a la aventura exhilarante del estudio personal de la Biblia para llenarnos de esperanza. Mientras el Señor llena nuestra mente con su verdad, también nos invita a una comunión más íntima con él, una comunión que satisface el corazón y cambia nuestra vida.

En la séptima parte, «Nuestra esperanza en Cristo», de *Diseño para el discipulado*, aprenderá cómo estudiar los libros del Nuevo Testamento capítulo por capítulo. Aumentará su comprensión de los principios y métodos del estudio bíblico. Cada capítulo le resaltará una habilidad de estudio diferente o recurso que le permitirá continuar explorando la Biblia como un hábito para toda la vida.

El método que utilizará al estudiar 1 Tesalonicenses puede ser descrito como un *análisis comprensivo del libro*. Es un estudio bíblico diferente que involucrará su investigación de primera mano. Su estudio incluirá tres pasos básicos:

Primeramente, hay que hacer un **breve recorrido** de todo el libro. En vez de concentrarse en detalles particulares, trabajará para obtener una amplia visión del todo.

Luego, hará un **análisis capítulo por capítulo** de 1 Tesalonicenses. Su objetivo aquí es estudiar los cinco capítulos por separado, enfocándose en las enseñanzas específicas que descubra en cada uno.

Tercero, hará un **resumen** de 1 Tesalonicenses. Después de estudiar detalladamente los cinco capítulos, reunirá lo que ha aprendido y escribirá sus conclusiones. Al desarrollar su resumen, muchos de ustedes se expresarán a través de la palabra escrita, pero algunos de ustedes podrán encontrar más fácil expresarse de otra manera (dibujo, poesía). Por favor, tenga la libertad de desarrollar un resumen creativo de una manera que comunique claramente lo que aprendió.

Pídale ayuda al Espíritu Santo mientras trabaja en cada paso. El Salmo 119:34 es una buena oración: «Dame entendimiento y obedeceré tus enseñanzas; las pondré en práctica con todo mi corazón».

Probablemente encontrará que lo mejor es no consultar comentarios bíblicos hasta después que haya terminado el estudio de cada capítulo. Permita que Espíritu Santo le hable directamente desde las Escrituras.

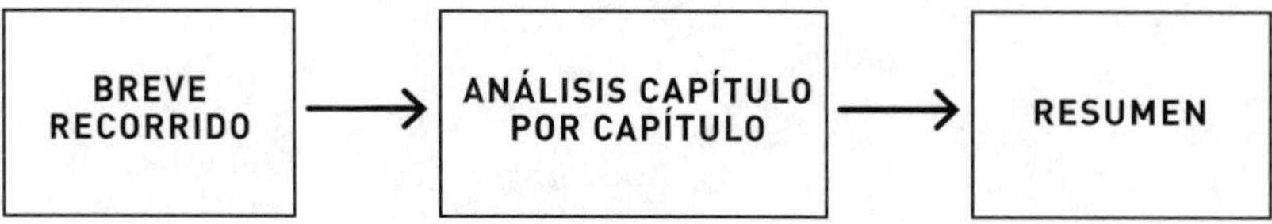

CAPÍTULO

30

1 TESALONICENSES: SU BREVE RECORRIDO

EL PROPÓSITO DE hacer un breve recorrido de un libro que quiere estudiar es obtener una visión de su escenario y sus temas. Al estudiar todo el libro 1 Tesalonicenses, estará colocando fundamentos valiosos para los descubrimientos que hará después cuando estudie cada capítulo en detalle. Haga su mejor esfuerzo ahora para obtener un buen entendimiento de los antecedentes y temas generales de este libro.

La cosa más importante que puede hacer para crecer en familiaridad con 1 Tesalonicenses es leerlo cuidadosamente una y otra vez. En la mayoría de las Biblias, 1 Tesalonicenses tiene solamente de tres a cinco páginas. Así que solo le llevará unos pocos minutos para leer completamente el libro sin detenerse. Este también es un buen momento para comparar varias traducciones y paráfrasis de la Biblia. También trate de leerlo por lo menos una vez en voz alta. Mucha gente disfruta de escuchar libros en audio, ya que a veces cuando los escuchamos notamos cosas que no observamos cuando los leemos en silencio.

Anote aquí cuantas veces leyó completamente 1 Tesalonicenses: ____________________

La lectura se convierte en estudio cuando añade lápiz y papel, y comienza a tomar notas acerca de lo que aprende. Quizás le ayude fotocopiar su versión favorita de 1 Tesalonicenses para que pueda marcarlo libremente mientras estudia. Su recorrido breve del libro tendrá seis secciones principales: Personajes principales, Escenario histórico, Propósito, Temas, Preguntas y una Visión general.

BREVE RECORRIDO

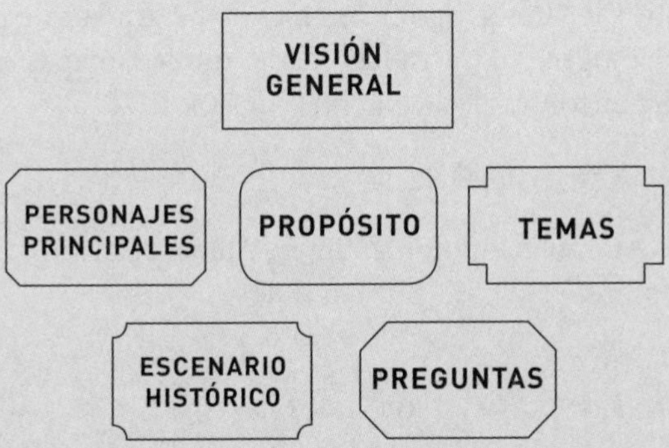

VISIÓN GENERAL

PERSONAJES PRINCIPALES

PROPÓSITO

TEMAS

ESCENARIO HISTÓRICO

PREGUNTAS

PERSONAJES PRINCIPALES

1. ¿A cuáles de sus compañeros de trabajo nombró Pablo como coautores de esta carta? (1 Tesalonicenses 1:1)

2. ¿Cómo describe Pablo a los creyentes tesalonicenses en la oración de apertura de su carta?

ESCENARIO HISTÓRICO

Tesalónica (en estos tiempos modernos, la ciudad de Salónica en Grecia) es mencionada por primera vez en la Biblia en Hechos 17:1-13. Lea este pasaje para contestar las preguntas 3-5.

3. Cuando Pablo llegó a Tesalónica, ¿dónde empezó a predicar?

4. ¿Qué mensaje le dio Pablo a los tesalonicenses?

5. Describa las variadas respuestas a las enseñanzas de Pablo que hubo en Tesalónica.

TÉCNICA DE ESTUDIO #1:

Descubrir el fondo histórico y geográfico

Trate de ubicar dónde ocurrieron estos eventos históricos al localizar y escribir los nombres de ciudades clave, regiones/provincias y otros lugares geográficos en el mapa. En vez de proveerle un mapa completo, lo invitamos a hacer su propia investigación. Consulte un átlas bíblico, mapas en la parte final de una Biblia de estudio o recursos en línea para encontrar los siguientes lugares.

Regiones: Tracia, Macedonia, Acaya, Asia, Galacia

Ciudades: Tesalónica, Filipos, Anfípolis, Apolonia, Berea, Atenas, Corinto, Éfeso

Otros: Mar Egeo, Creta

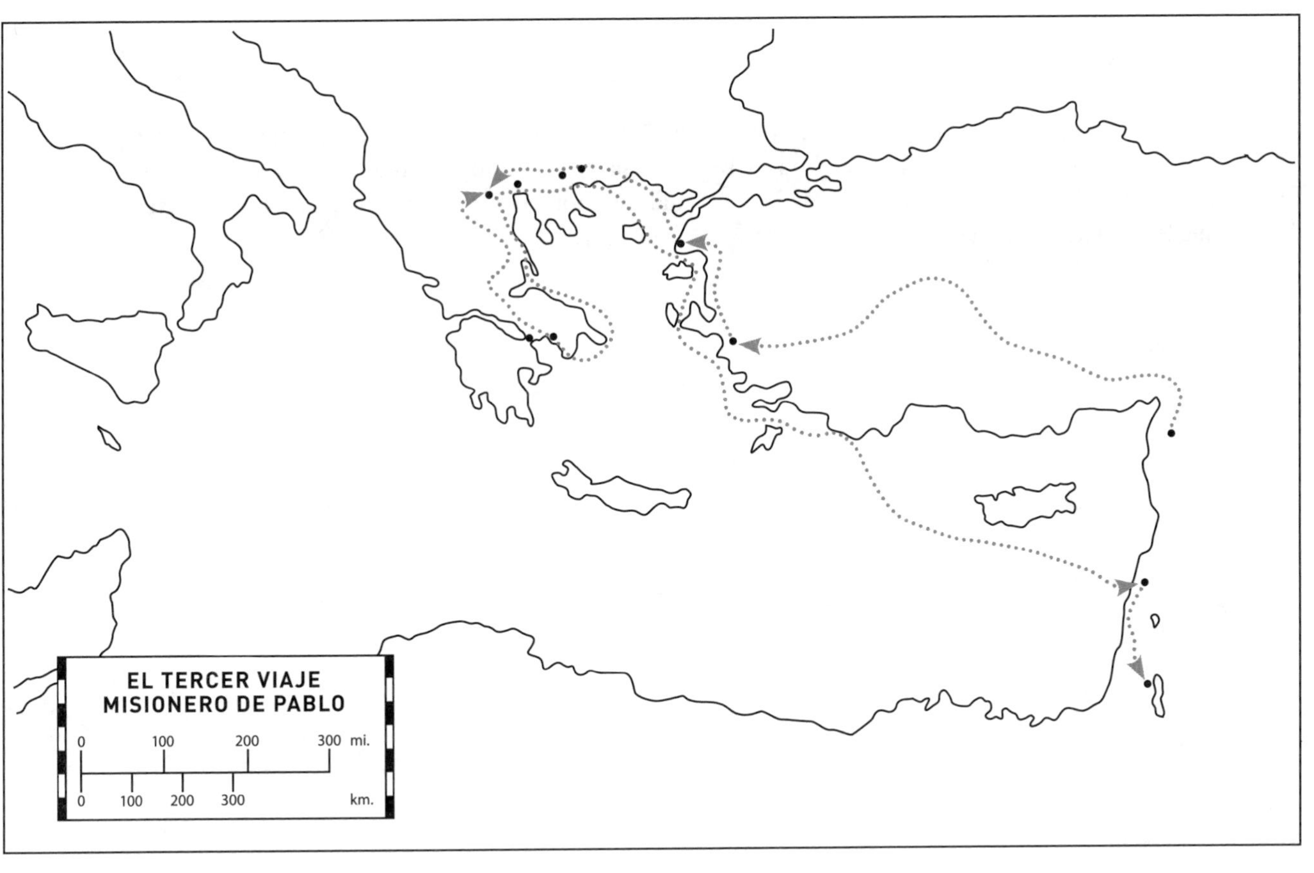

6. Anote aquí lo demás que aprendió de los libros de referencia (tales como diccionarios bíblicos, Biblias de estudio y enciclopedias) acerca de los antecedentes históricos de Tesalónica, de la iglesia ubicada allí y de esta carta.

PROPÓSITO

7. Según su propia lectura de 1 Tesalonicenses y de los libros de referencia, ¿qué razones puede dar acerca de por qué Pablo escribió esta carta? Considere preguntas que él trató de contestar, circunstancias que enfrentaban los tesalonicenses, necesidades a las cuales respondía y posibles problemas que abordaba, que le pueden ayudar a determinar el propósito que él tenía.

TEMAS

8. ¿Qué temas principales de esta carta le llaman la atención?

9. ¿Cuáles son algunos de los temas secundarios que encontró?

10. Enumere las palabras importantes que se repiten con más frecuencia en 1 Tesalonicenses. Considere marcar cada palabra clave con un color diferente para ayudarlo a encontrar los temas a través del libro.

Personas cuyas vidas giran en torno a Cristo no solo estudian la Biblia para ser más inteligentes. Ellos ven que cada página de [su Palabra] está manchada con la sangre carmesí de Jesús mismo. De repente, la Biblia ya no es simplemente un texto para ser estudiado sino una fuente de vida para una rama que se marchita.

—ERIC SANDRAS, PhD, *Buck-Naked Faith* (Fe al desnudo)

PREGUNTAS

11. ¿Qué preguntas le han surgido al leer 1 Tesalonicenses? Estas pueden reflejar temas que le son curiosos, temas de los que quiere aprender más, términos o hechos que quiere clarificar o cosas que lo confundieron. Escríbalas aquí mientras lee y estudia.

VISIÓN GENERAL

En la sección de la visión general del estudio de su libro, su objetivo es resumirlo en forma concisa escribiendo un breve bosquejo. Como punto de inicio, quizás quiera referirse a los bosquejos dados en los estudios bíblicos y los párrafos de encabezado incluidos en algunas traducciones modernas. Pero recuerde que las divisiones de capítulo, los números de versículo y los encabezados no venían incluidos en los documentos originales. Esos fueron añadidos después para ayudar a encontrar pasajes particulares. Así que tenga la libertad de organizar su bosquejo de la manera que más sentido le da.

Por ejemplo, los últimos cuatro versículos del capítulo 2 expresan el anhelo de Pablo de ver a los tesalonicenses, el mismo tema que continúa en el capítulo 3. Así que tal vez quiera estudiar 1 Tesalonicenses 2:17-3:13 como una sola unidad.

Bajo cada encabezado que escoja, utilice frases cortas u oraciones resumidas para describir las diferentes partes del libro. Por mientras, trate de mantener su bosquejo breve.

En este momento puede parecerle difícil preparar un bosquejo adecuado, pero el ejercicio lo ayudará a retener una vista general del libro cuando más tarde estudie más a fondo cada capítulo. Al cierre de su estudio de 1 Tesalonicenses, tendrá la oportunidad de revisar todo el libro de nuevo y hacer ajustes a su bosquejo si es necesario.

12. Utilice el siguiente espacio para escribir su bosquejo del estudio de 1 Tesalonicenses.

Concluya su visión general escribiendo un título breve para todo el libro de 1 Tesalonicenses que capture el corazón y el mensaje central para usted. También seleccione uno o dos versículos que considere clave para el libro entero. Tómese un tiempo para meditar, memorizar y orar sobre su versículo clave.

13. Título del libro:

14. Versículo(s) clave:

REFLEXIONES PERSONALES

Recuerde que el estudio de la Palabra viva de Dios es una aventura hacia el corazón y mente de Dios. Mientras reflexiona sobre 1 Tesalonicenses, ¿cuáles son algunas ideas clave reveladas acerca del corazón y la mente de Dios?

Aunque tal vez escoja escribir estas ideas clave, algunos de ustedes quizás prefieran identificar estas ideas de una manera más creativa (dibujo, poesía). Por favor, siéntase con libertad de expresarse de una manera que le es natural para usted.

CAPÍTULO

31

1 TESALONICENSES: CAPÍTULO 1

¿ALGUNA VEZ SE ha imaginado la Biblia como una biblioteca completa; una biblioteca compuesta de sesenta y seis libros escritos por muchas personas, pero cuyo autor, a fin de cuentas, es Dios mismo? Imagínese sacando el libro de 1 Tesalonicenses de su «estante» y dedicando las siguientes semanas a absorber la verdad y las riquezas que se encuentran en este libro. Luego, imagínese pasando el resto de su vida disfrutando un libro tras otro, y ¡convirtiéndose en un hombre o una mujer de la Palabra! Esa es la promesa para una vida entera de estudio bíblico. Las habilidades que desarrollará y los recursos que aprenderá a usar lo equiparán para toda una vida de exploración personal de la Palabra de Dios.

Después de terminar el breve recorrido, estará listo para empezar su estudio del primer capítulo de 1 Tesalonicenses. Cuando esté trabajando en su análisis escrito de cada capítulo de 1 Tesalonicenses empezará con la ***descripción del pasaje***, después hará una ***meditación versículo por versículo*** y finalizará con sus ***conclusiones***. Esto lo ayudará a hacer una ***aplicación personal*** de su estudio, la cual también pondrá por escrito.

ANÁLISIS DEL CAPÍTULO

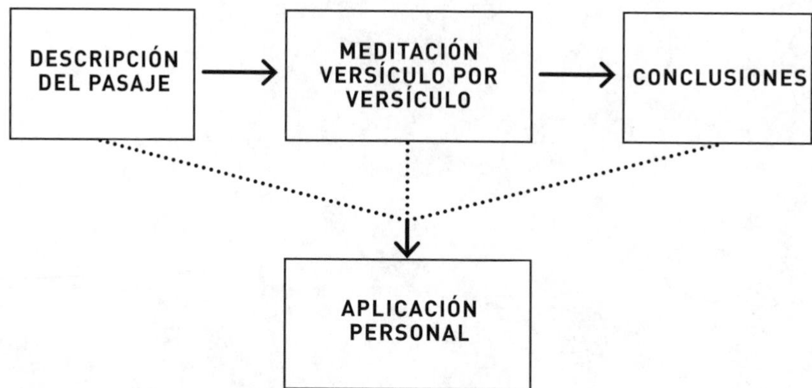

Mientras lee este capítulo, anote aquí cuantas veces lo leyó: ______________________

TÉCNICA DE ESTUDIO #2:

Comparar diferentes traducciones y paráfrasis de la Biblia

Antes de empezar su trabajo escrito, lea completamente el primer capítulo varias veces, quizás haciendo algunas notas sobre cosas que le llamen la atención.

Tal vez quiera complementar su lectura con una paráfrasis moderna, como lo es Dios Habla Hoy (DHH). Algunas versiones son de ayuda para explorar variaciones en el significado de palabras clave del texto original. De todos modos, asegúrese de usar una traducción básica para su estudio analítico del capítulo. Para esto puede usar versiones como la *Nueva Traducción Viviente* (NTV), la *Nueva Versión Internacional (NVI)*, la *Reina-Valera 1960 (RVR 1960)* y *la Biblia de las Américas (LBLA)*.

DESCRIPCIÓN DEL PASAJE

Después de leer el capítulo, su primer paso para analizarlo consiste en describir brevemente el contenido general. En este momento, no intente interpretar lo que leyó. Su objetivo es observar cuidadosamente **qué** se dijo, no el **por qué**.

Un método para describir un pasaje es escribirlo de nuevo, omitiendo cualquier palabra o frase que no sean gramaticalmente necesarias de manera que exprese el significado central de la oración. Esto básicamente deja los sustantivos y los verbos. Esto es especialmente efectivo cuando el pasaje contiene muchas palabras descriptivas.

Por ejemplo, aquí tenemos los versículos 2 y 3 del primer capítulo escritos de esta forma:

2: Damos gracias a Dios por ustedes.

3: Recordamos ante Dios su trabajo, acciones y perseverancia.

Con este método, puede observar rápidamente la dirección en que avanza el pasaje.

Otro método para describir el capítulo es hacer un bosquejo. El primer paso es dividir el pasaje en párrafos. (Las traducciones más recientes de la Biblia ya han sugerido la separación de los párrafos. El texto original no estaba dividido en párrafos, así que puede decidir si divide el pasaje de forma diferente, si eso tiene más sentido para usted). Después de determinar la división de los párrafos, escriba una o dos oraciones que resuman el contenido de cada párrafo. No se preocupe si omite algunos detalles; establezca un marco general en el cual pueda colocar los detalles más tarde.

Aquí hay una oración que resume los versículos 2 y 3 de la manera en que podrían aparecer en un bosquejo resumido del primer capítulo:

Pablo dice lo agradecido que está por la calidad de vida en la iglesia tesalonicense (versículos 2-3).

Utilice el siguiente espacio para escribir una descripción del pasaje de los versículos 4-10, ya sea reescribiéndolos sin modificadores o haciendo un resumen tipo bosquejo.

MEDITACIÓN VERSÍCULO POR VERSÍCULO

El corazón de su estudio de 1 Tesalonicenses es la meditación versículo por versículo que hace en cada capítulo. Aquí se tomará el tiempo para procesar y comprender cada versículo antes de proceder al siguiente. Haga esto en oración (no solo de manera académica) pidiéndole al Espíritu Santo que lo ayude a descargar y entender el mensaje de cada versículo.

En esta sección anotará sus reflexiones bajo cuatro encabezados: Observaciones, Preguntas y respuestas, Referencias cruzadas y Notas y comentarios.

Bajo el encabezado de Observaciones, simplemente le prestará atención a lo que dice en realidad el pasaje. Aquí hay algunas preguntas que lo pueden ayudar a hacer observaciones precisas:

- *¿Quiénes son las personas involucradas?*
- *¿Qué ideas o enseñanzas se expresan?*
- *¿Qué eventos ocurren?*

- *¿Cuáles son los resultados declarados de estas ideas o eventos?*
- *¿Dónde sucedió esto?*
- *¿Qué razones o propósitos se mencionan?*
- *¿Cómo se lograron las cosas?*

Aquí hay algunas ***Observaciones*** basadas en los versículos 2 y 3:

2: Pablo da gracias por los tesalonicenses.

3: Tres pensamientos paralelos en sus oraciones:

1. Trabajo de fe
2. Labor de amor
3. Constancia de esperanza

Ya que es impráctico anotar cada observación que haga sobre un versículo, anote las observaciones que lo estimulen a hacer más reflexión. ¡Pero no pase por alto lo obvio!

Anotar las ***Preguntas y respuestas*** toma tiempo y esfuerzo considerables, pero a menudo lleva a una meditación gratificante. A medida que crezca en el conocimiento de la Biblia, tendrá más preguntas, y esas serán más penetrantes e importantes. Al mismo tiempo, su conocimiento y entendimiento crecerán.

Aquí hay unas posibles preguntas para los versículos 2 y 3.

2: ¿Qué oró Pablo por ellos?

3. ¿Qué es la fe? Respuesta: Confiar en el carácter de Dios y obedecerlo.

¿Por qué es la constancia inspirada por la esperanza?

Cuando hay una pregunta con varias respuestas posibles, anote tantas como pueda. Las Escrituras no siempre suministran respuestas claras sobre cada tema, así que no insista siempre en encontrar una. Concéntrese en lo que Dios ha revelado claramente. A menudo lo mejor es escribir preguntas sin escribir respuestas. Esto le dará más tiempo para pensar en ellas. Luego puede escribir las respuestas a medida que las descubra.

En el tercer cuadro de su análisis del capítulo, escriba las ***Referencias cruzadas*** para algunos de los versículos que está estudiando. En muchos casos, una pregunta estimulará más estudio en otras áreas de la Biblia que se relacionan estrechamente con el versículo que está estudiando. La Biblia por sí misma es su mejor comentario. Las Escrituras interpretan a las Escrituras. El contenido de un pasaje aclara el contenido de otro.

Aquí hay algunas referencias cruzadas para los versículos 2 y 3:

Versículo 2: 1 Tesalonicenses 5:18. Dar gracias en todo.

Versículo 3: 2 Tesalonicenses 3:5. La perseverancia de Cristo.

Versículo 3: Hebreos 11:1. La fe es la garantía segura de lo que no se ve y del futuro.

Sus estudios bíblicos previos y los versículos que pueda haber memorizado antes son buenas fuentes de referencia cruzada. Si no puede encontrar una referencia cruzada por su propia cuenta, utilice la concordancia o las notas al margen de su Biblia (más acerca de estos recursos en capítulos posteriores).

Utilice el espacio bajo el encabezado ***Notas y comentarios*** para anotar ideas personales adicionales y especialmente ideas que Dios pueda estar poniendo en su corazón relacionadas con posibles aplicaciones. También anote información acerca de personas o lugares mencionados, así como las definiciones de palabras clave.

Utilice las tablas siguientes para anotar sus pensamientos mientras medita versículo por versículo a través del primer capítulo de 1 Tesalonicenses.

OBSERVACIONES	PREGUNTAS Y RESPUESTAS

REFERENCIAS CRUZADAS	NOTAS Y COMENTARIOS

CONCLUSIONES

A estas alturas, ya ha hecho una cantidad considerable de estudio. Ha descrito el capítulo, meditado sobre cada versículo, hecho observaciones, realizado preguntas, descubierto respuestas y encontrado referencias cruzadas, así como hecho otras notas y comentarios. Ahora puede empezar a reunir todo esto y sacar conclusiones.

El **tema** es el asunto central discutido por Pablo en este capítulo. Revise su trabajo escrito y pregúntese: «¿Cuál es el tema básico de este capítulo? ¿De qué está hablando Pablo?». Anote su respuesta aquí:

Junto con encontrar el tema, también querrá anotar **otras conclusiones** que haga. Aquí hay un ejemplo de una posible conclusión para este capítulo:

Oración, predicación y la demostración del poder de Dios son clave para comunicar el evangelio (versículos 2, 5).

Utilice el siguiente espacio para anotar otras conclusiones que tenga de 1 Tesalonicenses 1.

También querrá colocarle un título al capítulo. Su título probablemente reflejará el tema y las conclusiones que enumeró anteriormente. Anote su título aquí:

Además, **escoja un versículo** que capture la verdad central de este capítulo o escoja un versículo que toque su corazón por razones personales. Escríbalo aquí y considere memorizarlo para que pueda meditar en él en los siguientes días y semanas. Anote su versículo clave o favorito aquí:

APLICACIÓN

Escribir su aplicación lo ayudará a aclarar lo que planea hacer. También lo animará a ser específico. Las siguientes preguntas lo pueden ayudar a aplicar la Biblia a su vida.

- ¿Qué me dice este pasaje acerca de la visión de Dios de la realidad?
- ¿Cómo afecta este pasaje mi intimidad con Él?
- ¿Cómo habla este pasaje a las situaciones o actitudes de mi corazón?
- ¿Cómo impacta este pasaje mis relaciones con otras personas y con el mundo natural?
- ¿Qué acción específica quiere Dios que yo tome en respuesta a este pasaje?

Utilice el siguiente espacio para anotar su plan de aplicación de 1 Tesalonicenses 1.

REFLEXIONES PERSONALES

Reflexione por escrito sobre algunas de las ideas clave que le han sido reveladas en su caminar hacia el corazón y la mente de Dios.

CAPÍTULO

32

1 TESALONICENSES: CAPÍTULO 2

UNA MENTE ABIERTA es necesaria para un estudio bíblico efectivo. Y usted también debe estar dispuesto a cambiar su vida. Cada vez que separa un área de su vida de los propósitos de Dios, estará obstaculizando su comprensión de las Escrituras. Así que acérquese al estudio bíblico con una mente abierta y un espíritu dispuesto. Al meditar en el segundo capítulo, pregúntese por qué el Espíritu Santo incluyó esta porción en las Escrituras.

DESCRIPCIÓN DEL PASAJE

Comience leyendo el capítulo 2 de 1 Tesalonicenses varias veces, quizás en traducciones diferentes. Describa brevemente el contenido general de 1 Tesalonicenses 2. Opte por reescribir el contenido sin palabras o frases descriptivas, o hacer un bosquejo como resumen. O quizás quiera parafrasear el capítulo entero.

Anote el número de veces que leyó 1 Tesalonicenses capítulo 2: ___________

MEDITACIÓN VERSÍCULO POR VERSÍCULO

TÉCNICA DE ESTUDIO #3

Encontrar referencias cruzadas

El tercer cuadro en su análisis del capítulo está dedicado a las referencias cruzadas. Una referencia cruzada es un versículo o pasaje encontrado en el mismo libro o en la Biblia que expresa un pensamiento similar al versículo que está estudiando. En muchos casos, una pregunta estimulará más estudio en otras partes de la Biblia que se relacionan estrechamente con el versículo que está estudiando. La Biblia por sí misma es su mejor comentario. Las Escrituras interpretan a las Escrituras. El contenido de un pasaje aclara el contenido de otro.

Las posibles referencias cruzadas para este capítulo incluyen Hechos 16:23-24 para el segundo versículo, Gálatas 1:10 para el cuarto versículo, 1 Corintios 4:14-15 para el versículo 11 y Colosenses 1:10 para el versículo 12.

Sus estudios bíblicos previos y los versículos que pueda haber memorizado antes son buenas fuentes de referencia cruzada. Si no puede encontrar una referencia cruzada por su propia cuenta, utilice una concordancia o las notas al margen de su Biblia. Para este capítulo, intente usar varios de estos métodos para encontrar referencias cruzadas. Regístrelas en la tabla a continuación.

REFERENCIAS CRUZADAS	NOTAS Y COMENTARIOS

Pablo también escribió otra carta a los tesalonicenses, aproximadamente seis meses después de escribir su primera carta. Considere leer 2 Tesalonicenses para descubrir qué más tenía que decir a los nuevos creyentes en Tesalónica sobre los mismos temas. ¿Qué nueva luz derrama 2 Tesalonicenses en su comprensión de 1 Tesalonicenses? Resuma algunas de sus observaciones aquí.

OBSERVACIONES	PREGUNTAS Y RESPUESTAS

CONCLUSIONES

¿Cuál considera que es el tema principal en 1 Tesalonicenses 2?

¿Qué otras conclusiones tiene de su estudio de este capítulo?

¿Qué título le daría usted a este capítulo?

¿Cuál es el versículo clave o favorito de este capítulo?

APLICACIÓN

La aplicación comienza con nuestra disposición de aceptar la verdad que Dios revela. Una respuesta sincera a la Palabra viva de Dios se caracteriza por la confianza, la obediencia, la alabanza y la gratitud. Su aplicación puede incluir:

- *Recordar una verdad impactante,*
- *Cambiar una actitud errónea, o*
- *Llevar a cabo una acción positiva.*

Anote su plan de aplicación aquí:

REFLEXIONES PERSONALES

Reflexione por escrito sobre algunas de las ideas clave que le han sido reveladas en su caminar hacia el corazón y la mente de Dios.

CAPÍTULO

33

1 TESALONICENSES: CAPÍTULO 3

DEBIDO A SU amor por los creyentes tesalonicenses, Pablo tomó acciones específicas para animarlos, las cuales se describen en el tercer capítulo de 1 Tesalonicenses. Repase su trabajo escrito sobre los dos primeros capítulos mientras comienza a estudiar la descripción de Pablo de esta acción.

DESCRIPCIÓN DEL PASAJE

MEDITACIÓN VERSÍCULO POR VERSÍCULO

Además de su propia elección de referencias cruzadas, considere estas posibles referencias cruzadas para 1 Tesalonicenses 3:

Versículo 4	Filipenses 1:29
Versículo 5	1 Pedro 5:8
Versículo 8	3 Juan 4
Versículo 10	Colosenses 4:12
Versículo 12	1 Tesalonicenses 4:9-10
Versículo 13	1 Juan 3:2-3

REFERENCIAS CRUZADAS	NOTAS Y COMENTARIOS

OBSERVACIONES	PREGUNTAS Y RESPUESTAS

CONCLUSIONES

TEMA:

OTRAS CONCLUSIONES:

TÍTULO:

VERSÍCULO CLAVE O FAVORITO:

APLICACIÓN

Repase su aplicación del capítulo anterior. Anote cómo va su avance, así como algunos pensamientos adicionales.

Anote el número de veces que leyó este capítulo en su preparación del estudio: __________

TÉCNICA DE ESTUDIO #4

Aplicación personal

Se ha dicho que ¡la meditación sin aplicación lleva a la frustración! Estudiar la Biblia sin responder a lo que dice ni aplicarlo en su vida solo conduce al conocimiento intelectual. La aplicación implica permitir que las Escrituras influyan en su corazón y poner sus verdades y principios en práctica en su vida. Dios quiere que reconozca su mensaje personal *para usted* en esta porción de las Escrituras, y responda como corresponde. El salmista escribió, «Consideré el rumbo de mi vida y decidí volver a tus leyes. Me apresuraré sin demora a obedecer tus mandatos» (Salmo 119:59-60).

El verdadero beneficio del estudio bíblico es conocer a Dios profundamente, recibir su instrucción y ponerla en práctica a través de la obediencia. La aplicación no sucede automáticamente solo por completar su estudio; involucra su decisión y acción personal.

Quizás el Señor ya ha puesto en su corazón una porción de este capítulo que usted debe aplicar. Si no, con oración repase de nuevo el capítulo y su estudio para encontrar qué quiere él que usted ponga en práctica en su vida. Nuevamente considere estas cinco preguntas mientras busca aplicar la Palabra de Dios.

- ¿Qué me dice este pasaje acerca de la visión de Dios de la realidad?
- ¿Cómo afecta este pasaje mi intimidad con él?
- ¿Cómo habla este pasaje a los problemas y actitudes de mi corazón?
- ¿Cómo impacta este pasaje mis relaciones con otras personas y con el mundo natural?
- ¿Qué acción específica quiere Dios que yo tome en respuesta a este pasaje?

Anote su aplicación aquí:

REFLEXIONES PERSONALES

Reflexione por escrito sobre algunas de las ideas clave que le han sido reveladas en su caminar hacia el corazón y la mente de Dios.

CAPÍTULO

34

1 TESALONICENSES: CAPÍTULO 4

TÉCNICA DE ESTUDIO #5

Palabras y frases clave

A estas alturas usted está notando ciertas palabras y frases clave que Pablo utiliza varias veces en su carta a los tesalonicenses. Haga una lista de estas palabras y frases clave en la parte de abajo. Considere repasar cada capítulo y marcar cada palabra clave con un color diferente de marcador para ayudarlo a trazar los temas visualmente a través del libro. Por ejemplo, marque cada referencia al «regreso de Cristo» con verde y cada referencia al «gozo» en azul.

Anote aquí las palabras y frases clave en 1 Tesalonicenses:

DESCRIPCIÓN DEL PASAJE

OBSERVACIONES	PREGUNTAS Y RESPUESTAS

REFERENCIAS CRUZADAS	NOTAS Y COMENTARIOS

CONCLUSIONES

TEMA:

OTRAS CONCLUSIONES:

TÍTULO:

VERSÍCULO CLAVE O FAVORITO:

APLICACIÓN

Repase su aplicación del capítulo anterior. Anote cómo va su avance, así como algunos otros pensamientos adicionales.
Estas preguntas pueden ayudarlo a escribir aplicaciones significativas:

1. ¿Cuál es la verdad que quiero aplicar?
2. ¿Cuál es mi necesidad?
3. ¿Cuál es mi plan de acción?
4. ¿Cómo evaluaré mi progreso?

Ore para que el Espíritu Santo lo ayude al seleccionar y llevar a cabo su aplicación.

Anote el número de veces que leyó este capítulo en su preparación del estudio: ___________________________

REFLEXIONES PERSONALES

Reflexione por escrito sobre algunas de las ideas clave que le han sido reveladas en su caminar hacia el corazón y la mente de Dios.

CAPÍTULO

35

1 TESALONICENSES: CAPÍTULO 5

TÉCNICA DE ESTUDIO #6

Uso de recursos bíblicos

Existen muchos recursos bíblicos para ayudarlo en su estudio de las Escrituras. Considere obtener algunos de estos a lo largo del tiempo, como ayuda valiosa para su crecimiento y transformación espiritual.

1. **Biblias de estudio**: por lo general contienen extensos pies de página que explican versículos individuales, mapas y tablas, resúmenes de libros y personajes, información arqueológica, así como introducciones y panoramas de cada libro de la Biblia.
2. **Atlas bíblico**: provee mapas extensos que reflejan información geográfica de distintos períodos en la Biblia, traza los recorridos de personajes bíblicos en sus viajes y más.
3. **Diccionarios bíblicos**: enumeran palabras clave importantes de la Biblia junto con sus significados, su etimología (explicación de la fuente idiomática de cada palabra) y el antecedente de cada término. También pueden tener información cultural e histórica.

4. **Concordancias**: enumeran muchas palabras usadas en la Biblia junto con referencias detalladas sobre dónde se usa cada palabra en la Biblia. Pueden ser publicadas aparte o estar incluidas en la parte final de una Biblia de estudio. Cuando no pueda recordar dónde se localiza un versículo en particular, una concordancia puede ayudarlo a encontrarlo.

5. **Comentarios**: un libro o un conjunto de libros escritos por diferentes eruditos bíblicos que contienen la interpretación de dichas personas sobre pasajes bíblicos. Si le cuesta trabajo comprender un versículo o un pasaje, puede consultar un comentario confiable (o más de uno).

6. **Recursos en línea**: la mayoría de los recursos descritos pueden encontrarse en línea en sitios como www.biblegateway.com. Considere explorar este sitio (u otros como este) para ver qué hay disponible. Asegúrese de que los sitios que visite sean de buena reputación y de confianza, ya que también hay muchos sitios cuestionables en Internet.

DESCRIPCIÓN DEL PASAJE

OBSERVACIONES	PREGUNTAS Y RESPUESTAS

REFERENCIAS CRUZADAS	NOTAS Y COMENTARIOS

CONCLUSIONES

TEMA:

OTRAS CONCLUSIONES:

TÍTULO:

VERSÍCULO CLAVE O FAVORITO:

APLICACIÓN

1. ¿Hay algún ***pecado*** que debo evitar?
2. ¿Hay alguna ***promesa*** de Dios que debo reclamar?
3. ¿Hay algún ***ejemplo*** que debo seguir?
4. ¿Hay algún ***mandato*** que debo obedecer?
5. ¿Cómo puede este pasaje aumentar mi ***conocimiento*** de Dios o de Jesucristo?

   Ore para que el Espíritu Santo lo ayude al seleccionar y llevar a cabo su aplicación.

Anote el número de veces que leyó este capítulo en su preparación del estudio: _________

REFLEXIONES PERSONALES

Reflexione por escrito sobre algunas de las ideas clave que le han sido reveladas en su caminar hacia el corazón y la mente de Dios.

CAPÍTULO

36

1 TESALONICENSES: SU RESUMEN

AHORA ESTÁ LISTO para hacer un resumen de 1 Tesalonicenses para obtener una imagen unificada del libro. Primero, trate de pensar en 1 Tesalonicenses capítulo por capítulo, sin referirse al libro o a su trabajo escrito. En las siguientes páginas, escriba de memoria una breve descripción del contenido de cada capítulo.

CAPÍTULO 1

CAPÍTULO 2

CAPÍTULO 3

CAPÍTULO 4

CAPÍTULO 5

Su siguiente paso es **releer el libro varias veces**. Haga cada lectura completa sin parar si es posible. Ya que el material le es familiar, ha de poder leerlo con rapidez. Vuelva a buscar el hilo general que corre a través del libro. Intente obtener el panorama general.

Anote el número de veces que releyó 1 Tesalonicenses en su preparación del estudio: ____________

Ahora, repase los **TEMAS** que escribió para cada capítulo. Elija aquellos que ahora le parezcan más importantes y haga una lista de ellos aquí:

También repase sus **CONCLUSIONES** para cada capítulo; elija las principales y haga una lista más abajo. Escriba también las conclusiones que tiene sobre el libro completo ahora que ha estudiado cada capítulo.

Repase los **TÍTULOS** que le dio a cada capítulo. Reescríbalos aquí y haga los cambios que desee:

CAPÍTULO 1

CAPÍTULO 2

CAPÍTULO 3

CAPÍTULO 4

CAPÍTULO 5

Ahora considere el libro como un todo y dele un **TÍTULO**. Trate de mantener su título corto y use palabras que ilustren bien el contenido de 1 Tesalonicenses. Anote su título aquí:

Como una parte de sacar conclusiones de 1 Tesalonicenses, complete estas frases o responda a las preguntas evaluativas:

1. Recurriría primero a 1 Tesalonicenses si surgiera una pregunta sobre...

2. Si este libro no hubiera sido incluido en la Biblia, ¿qué sería lo que más echaríamos de menos?

3. ¿Qué comunica 1 Tesalonicenses sobre el corazón de Dios?

¿Otras preguntas?

Finalmente, mire otra vez los **PLANES DE APLICACIÓN** que anotó. ¿Hay algunos que no logró completar que ahora podría llevar a cabo? Ahora escriba un resumen de aplicación.

Considere estas cinco preguntas mientras busca aplicar la Palabra de Dios en 1 Tesalonicenses.

1. ¿Qué me dice este pasaje acerca de la visión de Dios de la realidad?
2. ¿Cómo afecta este pasaje mi intimidad con él?
3. ¿De qué manera habla este pasaje sobre los problemas y actitudes de mi corazón?
4. ¿Cómo impacta este pasaje mis relaciones con otras personas y con el mundo natural?
5. ¿Qué acción específica quiere Dios que yo tome en respuesta a este pasaje?

Ore para que el Espíritu Santo lo ayude al seleccionar y llevar a cabo su aplicación.

TÉCNICA DE ESTUDIO #7

Hacer un mapa mental

Elabore un mapa mental del libro que estudió. Este puede reflejar cosas clave que aprendió en su estudio. O puede reflejar preguntas y cosas por las que usted aún tiene una curiosidad genuina, lo que podría llevarlo a estudiar más.

¿Qué es un mapa mental? Los mapas mentales fueron promocionados a finales de los años sesenta por Tony Buzan y otros (en libros como *El libro de los mapas mentales*, Urano, 2017). Piense en un mapa mental como ¡garabatos productivos! Como una herramienta de aprendizaje y pensamiento, un mapa mental es una gran manera de expresar la lluvia de ideas de sus pensamientos, usando solo palabras e imágenes clave. Así es cómo se hace un mapa mental:

1. Con un papel en posición horizontal, escriba la IDEA CENTRAL en un círculo en el centro.
2. Bifurcándolas del círculo central, busque ideas que se conecten o se relacionen con la IDEA CENTRAL. Escriba en mayúsculas diversos SUBTEMAS generales, relacionados con la idea central. Use diferentes colores, símbolos, flechas y figuras para expresar cómo se conectan estos SUBTEMAS con la IDEA CENTRAL.
3. Irradiando de cada SUBTEMA, escriba cualquier EJEMPLO o DETALLE que pueda asociar con ese SUBTEMA.
4. Esta es una herramienta creativa para una lluvia de ideas o un resumen, así que no la analice demasiado. Solo dibuje con rapidez.
5. Siga añadiendo ideas hasta que ya no pueda pensar en nada más qué añadir, así como se ve en la ilustración.

El propósito de un mapa mental es ayudarlo a procesar un tema, un problema o una pregunta, y explorar sus diversos aspectos de manera visual.

MAPA MENTAL

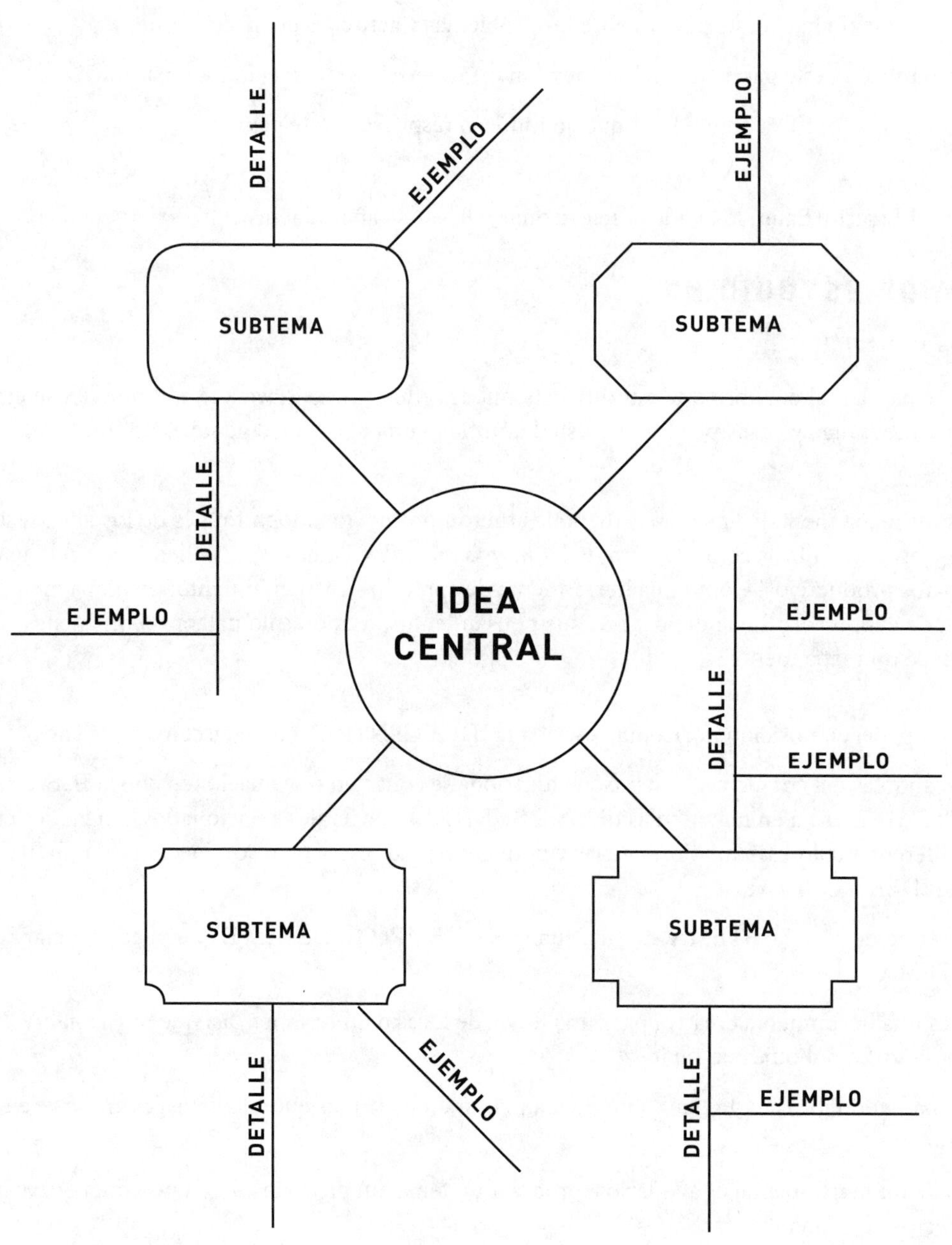

DETALLE
EJEMPLO
EJEMPLO
SUBTEMA
SUBTEMA
DETALLE
EJEMPLO
IDEA
CENTRAL
EJEMPLO
DETALLE
EJEMPLO
SUBTEMA
SUBTEMA
DETALLE
EJEMPLO
DETALLE
EJEMPLO

Lo que sigue es una manera de visualizar 1 Tesalonicenses:

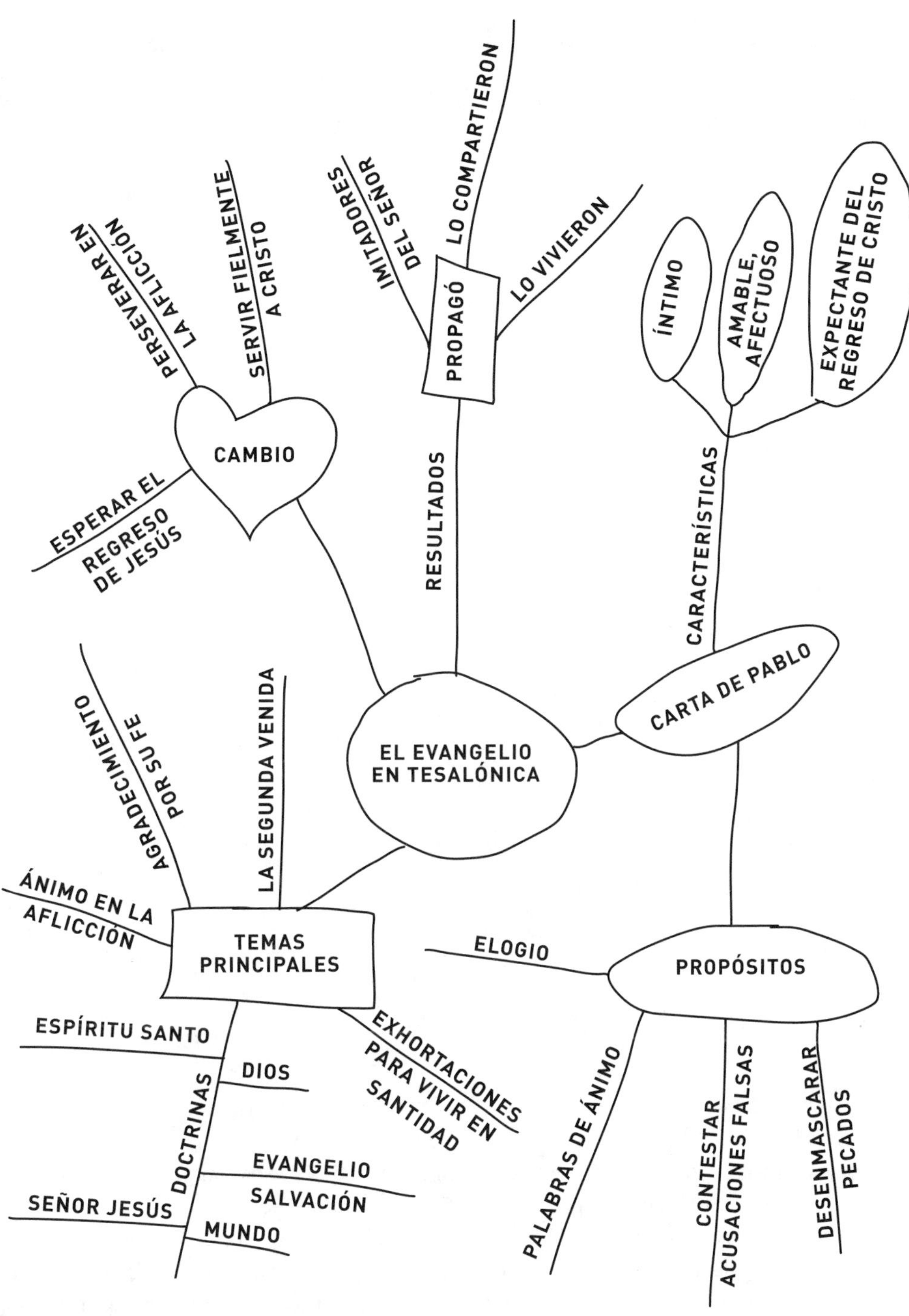

Concluya su estudio de la carta de Pablo a sus amigos en Tesalónica haciendo su propio mapa mental reflejando lo que recuerda y lo que más le ha tocado de este libro de la Biblia. Elabore sus propios SUBTEMAS, así como las ideas relacionadas y las palabras conectadas. ¡Disfrútelo!

¡Felicidades! Ha terminado un estudio minucioso de un libro de la Biblia. Solo faltan sesenta y cinco más, pero no se sienta abrumado. Más bien mire con anticipación un caminar de por vida hacia el corazón y la mente de Dios. Lo animamos a continuar estudiando las Escrituras con un grupo. Aprendan los unos de los otros. Crezcan juntos. Y alcance a otros: su familia y redes de amigos. Algunos quizás deseen estudiar la Biblia con usted. Otros observarán su vida, mientras usted continúa conociendo a Dios y aplicando su Palabra viva.

CONTINÚE CRECIENDO

como parte de la familia de Dios
con los libros de **LA SERIE 2:7**.

CRECIENDO FIRMES EN LA FAMILIA DE DIOS

El primer libro de LA SERIE 2:7 le ayudará a construir cimientos sólidos para la vida cristiana. Su vida será enriquecida por el estudio bíblico, la memorización de versículos y la interacción grupal. El enfoque bíblico y práctico de este libro de discipulado producirá cambios permanentes en su vida y en su caminar con Dios.

ISBN 978-1-63146-722-6

CULTIVANDO RAÍCES EN LA FAMILIA DE DIOS

El segundo libro de LA SERIE 2:7 le enseñará a poner a Cristo como el Señor de su vida. Usted descubrirá lo fácil que es alcanzar a otros al repasar la narrativa de su propia vida espiritual y compartirla con los demás.

ISBN 978-1-63146-723-3

DANDO FRUTO EN LA FAMILIA DE DIOS

El tercer libro de LA SERIE 2:7 le guiará a través de una simple pero efectiva manera de explicar el evangelio a otros para ayudarle a ser un miembro útil y fructífero dentro de la familia de Dios.

ISBN 978-1-63146-724-0

Para obtener más información acerca de **LA SERIE 2:7** y para adquirir la guía del líder, visite **WWW.SERIE2-7.COM**.

TYNDALEESPANOL.COM | TYNDALE.COM

CP1148